最新法律文件解读丛书



# 刑事
# 法律文件解读

XINGSHI FALU WENJIAN JIEDU

人民法院出版社 编

总第233辑 2024.11

人民法院出版社

**图书在版编目（CIP）数据**

刑事法律文件解读. 总第233辑 / 人民法院出版社编. 北京 : 人民法院出版社, 2025. 4. -- (最新法律文件解读丛书). -- ISBN 978-7-5109-4448-2

Ⅰ. D924.05；D925.205

中国国家版本馆CIP数据核字第20255CL696号

**刑事法律文件解读・总第233辑**

人民法院出版社　编

**责任编辑**　杨晓燕
**执行编辑**　周　敏
**出版发行**　人民法院出版社
**地　　址**　北京市东城区东交民巷27号　邮编　100745
**电　　话**　（010）67550562（责任编辑）　67550558（发行部查询）
65223677（读者服务部）
**客服QQ**　2092078039
**网　　址**　http：//www. courtbook. com. cn
**E - mail**　courtbook@ sina. com
**印　　刷**　三河市国英印务有限公司
**经　　销**　新华书店
**开　　本**　787毫米×1092毫米　1/16
**字　　数**　115千字
**印　　张**　8
**版　　次**　2025年4月第1版　2025年4月第1次印刷
**书　　号**　ISBN 978-7-5109-4448-2
**定　　价**　28.00元

# 卷首语

2024 年 12 月 25 日，第十四届全国人民代表大会常务委员会第十三次会议通过《关于修改〈中华人民共和国监察法〉的决定》，该决定自 2025 年 6 月 1 日起施行。修改监察法，是巩固拓展国家监察体制改革成果的重要举措，是解决新形势下监察工作中突出问题的现实需要。本辑重点收录了修正后的监察法，以及监察法（修正草案）的说明和审议结果的报告等，为读者呈现完整的修法过程。

在“司法解释、司法指导性文件与解读”栏目，本辑也专门登载了《关于办理洗钱刑事案件适用法律若干问题的解释》（以下简称《解释》）的解读文章，梳理了《解释》的制定背景与经过、主要内容，以便与刑事办案相关的人员在司法实践中理解与适用。

本辑“指导案例、典型案例与解读”栏目收录了最高人民检察院发布的《检察机关依法惩治拒不支付劳动报酬犯罪推动治理欠薪典型案例》及其答记者问，以及最高人民法院、人力资源和社会保障部联合发布的《依法惩治恶意欠薪犯罪典型案例》，供相关领域工作人员在办理类似案件时借鉴参考，切实维护劳动者合法权益。

此外，“新类型疑难案例选评”栏目收录了《金某夫职务侵占案》，对窃取型职务侵占罪与盗窃罪的界定及处理原则进行了评析，供读者交流探讨。

# 最新法律文件解读丛书
# 编　辑　部


兰丽专　（010）67550626

丁丽娜　（010）67550608

周　敏　（010）67550562

杨　洁　（010）67550656

路建华　（010）67550682

丁塞峨　（010）67550656

**投稿邮箱：**

《刑事法律文件解读》　xingshijiedu@ 163. com

《民事法律文件解读》　1216921515@ qq. com

《商事法律文件解读》　shangshijiedu@ 126. com

《行政与执行法律文件解读》　1290312696@ qq. com

# 目录

## 法律、法律性文件与解读



## 司法解释、司法指导性文件与解读

## 指导案例、典型案例与解读



## 司法实务问题研究



## 新类型疑难案例选评

## 法律、法律性文件与解读

# 中华人民共和国监察法

（2018年3月20日第十三届全国人民代表大会第一次会议通过
根据2024年12月25日第十四届全国人民代表大会常务委员会
第十三次会议《关于修改〈中华人民共和国监察法〉的决定》修正）

目　　录



## 第一章　总　　则

**第一条**　为了深入开展廉政建设和反腐败工作，加强对所有行使公权力的公职人员的监督，实现国家监察全面覆盖，持续深化国家监察体制改革，推进国家治理体系和治理能力现代化，根据宪法，制定本法。

**第二条** 坚持中国共产党对国家监察工作的领导，以马克思列宁主义、毛泽东思想、邓小平理论、“三个代表”重要思想、科学发展观、习近平新时代中国特色社会主义思想为指导，构建集中统一、权威高效的中国特色国家监察体制。

**第三条** 各级监察委员会是行使国家监察职能的专责机关，依照本法对所有行使公权力的公职人员（以下称公职人员）进行监察，调查职务违法和职务犯罪，开展廉政建设和反腐败工作，维护宪法和法律的尊严。

**第四条** 监察委员会依照法律规定独立行使监察权，不受行政机关、社会团体和个人的干涉。

监察机关办理职务违法和职务犯罪案件，应当与审判机关、检察机关、执法部门互相配合，互相制约。

监察机关在工作中需要协助的，有关机关和单位应当根据监察机关的要求依法予以协助。

**第五条** 国家监察工作严格遵照宪法和法律，以事实为根据，以法律为准绳；权责对等，严格监督；遵守法定程序，公正履行职责；尊重和保障人权，在适用法律上一律平等，保障监察对象及相关人员的合法权益；惩戒与教育相结合，宽严相济。

**第六条** 国家监察工作坚持标本兼治、综合治理，强化监督问责，严厉惩治腐败；深化改革、健全法治，有效制约和监督权力；加强法治教育和道德教育，弘扬中华优秀传统文化，构建不敢腐、不能腐、不想腐的长效机制。

## 第二章　监察机关及其职责

**第七条**　中华人民共和国国家监察委员会是最高监察机关。

省、自治区、直辖市、自治州、县、自治县、市、市辖区设立监察委员会。

**第八条**　国家监察委员会由全国人民代表大会产生，负责全国监察工作。

国家监察委员会由主任、副主任若干人、委员若干人组成，主任由全国人民代表大会选举，副主任、委员由国家监察委员会主任提请全国人民代表大会常务委员会任免。

国家监察委员会主任每届任期同全国人民代表大会每届任期相同，连续任职不得超过两届。

国家监察委员会对全国人民代表大会及其常务委员会负责，并接受其监督。

**第九条**　地方各级监察委员会由本级人民代表大会产生，负责本行政区域内的监察工作。

地方各级监察委员会由主任、副主任若干人、委员若干人组成，主任由本级人民代表大会选举，副主任、委员由监察委员会主任提请本级人民代表大会常务委员会任免。

地方各级监察委员会主任每届任期同本级人民代表大会每届任期相同。

地方各级监察委员会对本级人民代表大会及其常务委员会和上一级监察委员会负责，并接受其监督。

**第十条**　国家监察委员会领导地方各级监察委员会的工作，上级监察委员会领导下级监察委员会的工作。

**第十一条**　监察委员会依照本法和有关法律规定履行监督、调查、处置职责：

（一）对公职人员开展廉政教育，对其依法履职、秉公用权、廉洁从政从业以及道德操守情况进行监督检查；

（二）对涉嫌贪污贿赂、滥用职权、玩忽职守、权力寻租、利益输送、徇私舞弊以及浪费国家资财等职务违法和职务犯罪进行调查；

（三）对违法的公职人员依法作出政务处分决定；对履行职责不力、失职失责的领导人员进行问责；对涉嫌职务犯罪的，将调查结果移送人民检察院依法审查、提起公诉；向监察对象所在单位提出监察建议。

**第十二条** 各级监察委员会可以向本级中国共产党机关、国家机关、中国人民政治协商会议委员会机关、法律法规授权或者委托管理公共事务的组织和单位以及辖区内特定区域、国有企业、事业单位等派驻或者派出监察机构、监察专员。

经国家监察委员会批准，国家监察委员会派驻本级实行垂直管理或者双重领导并以上级单位领导为主的单位、国有企业的监察机构、监察专员，可以向驻在单位的下一级单位再派出。

经国家监察委员会批准，国家监察委员会派驻监察机构、监察专员，可以向驻在单位管理领导班子的普通高等学校再派出；国家监察委员会派驻国务院国有资产监督管理机构的监察机构，可以向驻在单位管理领导班子的国有企业再派出。

监察机构、监察专员对派驻或者派出它的监察委员会或者监察机构、监察专员负责。

**第十三条** 派驻或者派出的监察机构、监察专员根据授权，按照管理权限依法对公职人员进行监督，提出监察建议，依法对公职人员进行调查、处置。

**第十四条** 国家实行监察官制度，依法确定监察官的等级设置、任免、考评和晋升等制度。

## 第三章　监察范围和管辖

**第十五条**　监察机关对下列公职人员和有关人员进行监察：

（一）中国共产党机关、人民代表大会及其常务委员会机关、人民政府、监察委员会、人民法院、人民检察院、中国人民政治协商会议各级委员会机关、民主党派机关和工商业联合会机关的公务员，以及参照《中华人民共和国公务员法》管理的人员；

（二）法律、法规授权或者受国家机关依法委托管理公共事务的组织中从事公务的人员；

（三）国有企业管理人员；

（四）公办的教育、科研、文化、医疗卫生、体育等单位中从事管理的人员；

（五）基层群众性自治组织中从事管理的人员；

（六）其他依法履行公职的人员。

**第十六条**　各级监察机关按照管理权限管辖本辖区内本法第十五条规定的人员所涉监察事项。

上级监察机关可以办理下一级监察机关管辖范围内的监察事项，必要时也可以办理所辖各级监察机关管辖范围内的监察事项。

监察机关之间对监察事项的管辖有争议的，由其共同的上级监察机关确定。

**第十七条**　上级监察机关可以将其所管辖的监察事项指定下级监察机关管辖，也可以将下级监察机关有管辖权的监察事项指定给其他监察机关管辖。

监察机关认为所管辖的监察事项重大、复杂，需要由上级监察机关管辖的，可以报请上级监察机关管辖。

## 第四章　监察权限

**第十八条**　监察机关行使监督、调查职权，有权依法向有关单位和个人了解情况，收集、调取证据。有关单位和个人应当如实提供。

监察机关及其工作人员对监督、调查过程中知悉的国家秘密、工作秘密、商业秘密、个人隐私和个人信息，应当保密。

任何单位和个人不得伪造、隐匿或者毁灭证据。

**第十九条**　对可能发生职务违法的监察对象，监察机关按照管理权限，可以直接或者委托有关机关、人员进行谈话，或者进行函询，要求说明情况。

**第二十条**　在调查过程中，对涉嫌职务违法的被调查人，监察机关可以进行谈话，要求其就涉嫌违法行为作出陈述，必要时向被调查人出具书面通知。

对涉嫌贪污贿赂、失职渎职等职务犯罪的被调查人，监察机关可以进行讯问，要求其如实供述涉嫌犯罪的情况。

**第二十一条**　监察机关根据案件情况，经依法审批，可以强制涉嫌严重职务违法或者职务犯罪的被调查人到案接受调查。

**第二十二条**　在调查过程中，监察机关可以询问证人等人员。

**第二十三条**　被调查人涉嫌严重职务违法或者职务犯罪，并有下列情形之一的，经监察机关依法审批，可以对其采取责令候查措施：

（一）不具有本法第二十四条第一款所列情形的；

（二）符合留置条件，但患有严重疾病、生活不能自理的，系怀孕或者正在哺乳自己婴儿的妇女，或者生活不能自理的人的唯一扶养人；

（三）案件尚未办结，但留置期限届满或者对被留置人员不需要继续采取留置措施的；

（四）符合留置条件，但因为案件的特殊情况或者办理案件的需要，采取责令候查措施更为适宜的。

被责令候查人员应当遵守以下规定：

（一）未经监察机关批准不得离开所居住的直辖市、设区的市的城市市区或者不设区的市、县的辖区；

（二）住址、工作单位和联系方式发生变动的，在二十四小时以内向监察机关报告；

（三）在接到通知的时候及时到案接受调查；

（四）不得以任何形式干扰证人作证；

（五）不得串供或者伪造、隐匿、毁灭证据。

被责令候查人员违反前款规定，情节严重的，可以依法予以留置。

**第二十四条**　被调查人涉嫌贪污贿赂、失职渎职等严重职务违法或者职务犯罪，监察机关已经掌握其部分违法犯罪事实及证据，仍有重要问题需要进一步调查，并有下列情形之一的，经监察机关依法审批，可以将其留置在特定场所：

（一）涉及案情重大、复杂的；

（二）可能逃跑、自杀的；

（三）可能串供或者伪造、隐匿、毁灭证据的；

（四）可能有其他妨碍调查行为的。

对涉嫌行贿犯罪或者共同职务犯罪的涉案人员，监察机关可以依照前款规定采取留置措施。

留置场所的设置、管理和监督依照国家有关规定执行。

**第二十五条**　对于未被留置的下列人员，监察机关发现存在逃跑、自杀等重大安全风险的，经依法审批，可以进行管护：

（一）涉嫌严重职务违法或者职务犯罪的自动投案人员；

（二）在接受谈话、函询、询问过程中，交代涉嫌严重职务违法或者职务犯罪问题的人员；

（三）在接受讯问过程中，主动交代涉嫌重大职务犯罪问题的人员。

采取管护措施后，应当立即将被管护人员送留置场所，至迟不得超过二十四小时。

**第二十六条** 监察机关调查涉嫌贪污贿赂、失职渎职等严重职务违法或者职务犯罪，根据工作需要，可以依照规定查询、冻结涉案单位和个人的存款、汇款、债券、股票、基金份额等财产。有关单位和个人应当配合。

冻结的财产经查明与案件无关的，应当在查明后三日内解除冻结，予以退还。

**第二十七条** 监察机关可以对涉嫌职务犯罪的被调查人以及可能隐藏被调查人或者犯罪证据的人的身体、物品、住处和其他有关地方进行搜查。在搜查时，应当出示搜查证，并有被搜查人或者其家属等见证人在场。

搜查女性身体，应当由女性工作人员进行。

监察机关进行搜查时，可以根据工作需要提请公安机关配合。公安机关应当依法予以协助。

**第二十八条** 监察机关在调查过程中，可以调取、查封、扣押用以证明被调查人涉嫌违法犯罪的财物、文件和电子数据等信息。采取调取、查封、扣押措施，应当收集原物原件，会同持有人或者保管人、见证人，当面逐一拍照、登记、编号，开列清单，由在场人员当场核对、签名，并将清单副本交财物、文件的持有人或者保管人。

对调取、查封、扣押的财物、文件，监察机关应当设立专用账户、专门场所，确定专门人员妥善保管，严格履行交接、调取手续，定期对账核实，不得毁损或者用于其他目的。对价值不明物品应当及时鉴定，专门封存保管。

查封、扣押的财物、文件经查明与案件无关的，应当在查明后三日内解除查封、扣押，予以退还。

**第二十九条** 监察机关在调查过程中，可以直接或者指派、聘请具有专门知识的人在调查人员主持下进行勘验检查。勘验检查情况应当制作笔录，由参加勘验检查的人员和见证人签名或者盖章。

必要时，监察机关可以进行调查实验。调查实验情况应当制作笔录，由参加实验的人员签名或者盖章。

**第三十条** 监察机关在调查过程中，对于案件中的专门性问题，可以指派、聘请有专门知识的人进行鉴定。鉴定人进行鉴定后，应当出具鉴定意见，并且签名。

**第三十一条** 监察机关调查涉嫌重大贪污贿赂等职务犯罪，根据需要，经过严格的批准手续，可以采取技术调查措施，按照规定交有关机关执行。

批准决定应当明确采取技术调查措施的种类和适用对象，自签发之日起三个月以内有效；对于复杂、疑难案件，期限届满仍有必要继续采取技术调查措施的，经过批准，有效期可以延长，每次不得超过三个月。对于不需要继续采取技术调查措施的，应当及时解除。

**第三十二条** 依法应当留置的被调查人如果在逃，监察机关可以决定在本行政区域内通缉，由公安机关发布通缉令，追捕归案。通缉范围超出本行政区域的，应当报请有权决定的上级监察机关决定。

**第三十三条** 监察机关为防止被调查人及相关人员逃匿境外，经省级以上监察机关批准，可以对被调查人及相关人员采取限制出境措施，由公安机关依法执行。对于不需要继续采取限制出境措施的，应当及时解除。

**第三十四条** 涉嫌职务犯罪的被调查人主动认罪认罚，有下列情形之一的，监察机关经领导人员集体研究，并报上一级监察机关批准，可以在移送人民检察院时提出从宽处罚的建议：

（一）自动投案，真诚悔罪悔过的；

（二）积极配合调查工作，如实供述监察机关还未掌握的违法犯罪行为的；

（三）积极退赃，减少损失的；

（四）具有重大立功表现或者案件涉及国家重大利益等情形的。

**第三十五条** 职务违法犯罪的涉案人员揭发有关被调查人职务违法犯罪行为，查证属实的，或者提供重要线索，有助于调查其他案件的，监察机关经领导人员集体研究，并报上一级监察机关批准，可以在移送人民检察院时提出从宽处罚的建议。

**第三十六条** 监察机关依照本法规定收集的物证、书证、证人证言、被调查人供述和辩解、视听资料、电子数据等证据材料，在刑事诉讼中可以作为证据使用。

监察机关在收集、固定、审查、运用证据时，应当与刑事审判关于证据的要求和标准相一致。

以非法方法收集的证据应当依法予以排除，不得作为案件处置的依据。

**第三十七条** 人民法院、人民检察院、公安机关、审计机关等国家机关在工作中发现公职人员涉嫌贪污贿赂、失职渎职等职务违法或者职务犯罪的问题线索，应当移送监察机关，由监察机关依法调查处置。

被调查人既涉嫌严重职务违法或者职务犯罪，又涉嫌其他违法犯罪的，一般应当由监察机关为主调查，其他机关予以协助。

## 第五章　监察程序

**第三十八条** 监察机关对于报案或者举报，应当接受并按照有关规定处理。对于不属于本机关管辖的，应当移送主管机关处理。

**第三十九条** 监察机关应当严格按照程序开展工作，建立问题线索处置、调查、审理各部门相互协调、相互制约的工作机制。

监察机关应当加强对调查、处置工作全过程的监督管理，设立相应的工作部门履行线索管理、监督检查、督促办理、统计分析等管理协调职能。

**第四十条** 监察机关对监察对象的问题线索，应当按照有关规定提出处置意见，履行审批手续，进行分类办理。线索处置情况应当定期汇总、通报，定期检查、抽查。

**第四十一条** 需要采取初步核实方式处置问题线索的，监察机关应当依法履行审批程序，成立核查组。初步核实工作结束后，核查组应当撰写初步核实情况报告，提出处理建议。承办部门应当提出分类处理意见。初步核实情况报告和分类处理意见报监察机关主要负责人审批。

**第四十二条** 经过初步核实，对监察对象涉嫌职务违法犯罪，需要追究法律责任的，监察机关应当按照规定的权限和程序办理立案手续。

监察机关主要负责人依法批准立案后，应当主持召开专题会议，研究确定调查方案，决定需要采取的调查措施。

立案调查决定应当向被调查人宣布，并通报相关组织。涉嫌严重职务违法或者职务犯罪的，应当通知被调查人家属，并向社会公开发布。

**第四十三条** 监察机关对职务违法和职务犯罪案件，应当进行调查，收集被调查人有无违法犯罪以及情节轻重的证据，查明违法犯罪事实，形成相互印证、完整稳定的证据链。

调查人员应当依法文明规范开展调查工作。严禁以暴力、威胁、引诱、欺骗及其他非法方式收集证据，严禁侮辱、打骂、虐待、体罚或者变相体罚被调查人和涉案人员。

监察机关及其工作人员在履行职责过程中应当依法保护企业产权和自主经营权，严禁利用职权非法干扰企业生产经营。需要企业经营者协助调查的，应当保障其人身权利、财产权利和其他合法权益，避免或者尽量减少对企业正常生产经营活动的影响。

**第四十四条** 调查人员采取讯问、询问、强制到案、责令候查、管护、留置、搜查、调取、查封、扣押、勘验检查等调查措施，均应当依照规定出示证件，出具书面通知，由二人以上进行，形成笔录、报告等书面材料，并由相关人员签名、盖章。

调查人员进行讯问以及搜查、查封、扣押等重要取证工作，应当对全过程进行录音录像，留存备查。

**第四十五条**　调查人员应当严格执行调查方案，不得随意扩大调查范围、变更调查对象和事项。

对调查过程中的重要事项，应当集体研究后按程序请示报告。

**第四十六条**　采取强制到案、责令候查或者管护措施，应当按照规定的权限和程序，经监察机关主要负责人批准。

强制到案持续的时间不得超过十二小时；需要采取管护或者留置措施的，强制到案持续的时间不得超过二十四小时。不得以连续强制到案的方式变相拘禁被调查人。

责令候查最长不得超过十二个月。

监察机关采取管护措施的，应当在七日以内依法作出留置或者解除管护的决定，特殊情况下可以延长一日至三日。

**第四十七条**　监察机关采取留置措施，应当由监察机关领导人员集体研究决定。设区的市级以下监察机关采取留置措施，应当报上一级监察机关批准。省级监察机关采取留置措施，应当报国家监察委员会备案。

**第四十八条**　留置时间不得超过三个月。在特殊情况下，可以延长一次，延长时间不得超过三个月。省级以下监察机关采取留置措施的，延长留置时间应当报上一级监察机关批准。监察机关发现采取留置措施不当或者不需要继续采取留置措施的，应当及时解除或者变更为责令候查措施。

对涉嫌职务犯罪的被调查人可能判处十年有期徒刑以上刑罚，监察机关依照前款规定延长期限届满，仍不能调查终结的，经国家监察委员会批准或者决定，可以再延长二个月。

省级以上监察机关在调查期间，发现涉嫌职务犯罪的被调查人另有与留置时的罪行不同种的重大职务犯罪或者同种的影响罪名认定、量刑档次的重大职务犯罪，经国家监察委员会批准或者决定，自发现之日起依照本条第一款的规定重新计算留置时间。留置时间重新计算以一次为限。

**第四十九条** 监察机关采取强制到案、责令候查、管护、留置措施，可以根据工作需要提请公安机关配合。公安机关应当依法予以协助。

省级以下监察机关留置场所的看护勤务由公安机关负责，国家监察委员会留置场所的看护勤务由国家另行规定。留置看护队伍的管理依照国家有关规定执行。

**第五十条** 采取管护或者留置措施后，应当在二十四小时以内，通知被管护人员、被留置人员所在单位和家属，但有可能伪造、隐匿、毁灭证据，干扰证人作证或者串供等有碍调查情形的除外。有碍调查的情形消失后，应当立即通知被管护人员、被留置人员所在单位和家属。解除管护或者留置的，应当及时通知被管护人员、被留置人员所在单位和家属。

被管护人员、被留置人员及其近亲属有权申请变更管护、留置措施。监察机关收到申请后，应当在三日以内作出决定；不同意变更措施的，应当告知申请人，并说明不同意的理由。

监察机关应当保障被强制到案人员、被管护人员以及被留置人员的饮食、休息和安全，提供医疗服务。对其谈话、讯问的，应当合理安排时间和时长，谈话笔录、讯问笔录由被谈话人、被讯问人阅看后签名。

被管护人员、被留置人员涉嫌犯罪移送司法机关后，被依法判处管制、拘役或者有期徒刑的，管护、留置一日折抵管制二日，折抵拘役、有期徒刑一日。

**第五十一条** 监察机关在调查工作结束后，应当依法对案件事实和证据、性质认定、程序手续、涉案财物等进行全面审理，形成审理报告，提请集体审议。

**第五十二条** 监察机关根据监督、调查结果，依法作出如下处置：

（一）对有职务违法行为但情节较轻的公职人员，按照管理权限，直接或者委托有关机关、人员，进行谈话提醒、批评教育、责令检查，或者予以诫勉；

（二）对违法的公职人员依照法定程序作出警告、记过、记大过、降级、撤职、开除等政务处分决定；

（三）对不履行或者不正确履行职责负有责任的领导人员，按照管理权限对其直接作出问责决定，或者向有权作出问责决定的机关提出问责建议；

（四）对涉嫌职务犯罪的，监察机关经调查认为犯罪事实清楚，证据确实、充分的，制作起诉意见书，连同案卷材料、证据一并移送人民检察院依法审查、提起公诉；

（五）对监察对象所在单位廉政建设和履行职责存在的问题等提出监察建议。

监察机关经调查，对没有证据证明被调查人存在违法犯罪行为的，应当撤销案件，并通知被调查人所在单位。

**第五十三条** 监察机关经调查，对违法取得的财物，依法予以没收、追缴或者责令退赔；对涉嫌犯罪取得的财物，应当随案移送人民检察院。

**第五十四条** 对监察机关移送的案件，人民检察院依照《中华人民共和国刑事诉讼法》对被调查人采取强制措施。

人民检察院经审查，认为犯罪事实已经查清，证据确实、充分，依法应当追究刑事责任的，应当作出起诉决定。

人民检察院经审查，认为需要补充核实的，应当退回监察机关补充调查，必要时可以自行补充侦查。对于补充调查的案件，应当在一个月内补充调查完毕。补充调查以二次为限。

人民检察院对于有《中华人民共和国刑事诉讼法》规定的不起诉的情形的，经上一级人民检察院批准，依法作出不起诉的决定。监察机关认为不起诉的决定有错误的，可以向上一级人民检察院提请复议。

**第五十五条** 监察机关在调查贪污贿赂、失职渎职等职务犯罪案件过程中，被调查人逃匿或者死亡，有必要继续调查的，应当继续调查并作出结论。被调查人逃匿，在通缉一年后不能到案，或者死亡的，由监察机关提请人民检察院依照法定程序，向人民法院提出没收违法所得的申请。

**第五十六条** 监察对象对监察机关作出的涉及本人的处理决定不服的，可以在收到处理决定之日起一个月内，向作出决定的监察机关申请复审，复审机关应当在一个月内作出复审决定；监察对象对复审决定仍不服的，可以在收到复审决定之日起一个月内，向上一级监察机关申请复核，复核机关应当在二个月内作出复核决定。复审、复核期间，不停止原处理决定的执行。复核机关经审查，认定处理决定有错误的，原处理机关应当及时予以纠正。

## 第六章 反腐败国际合作

**第五十七条** 国家监察委员会统筹协调与其他国家、地区、国际组织开展的反腐败国际交流、合作，组织反腐败国际条约实施工作。

**第五十八条** 国家监察委员会会同有关单位加强与有关国家、地区、国际组织在反腐败方面开展引渡、移管被判刑人、遣返、联合调查、调查取证、资产追缴和信息交流等执法司法合作和司法协助。

**第五十九条** 国家监察委员会加强对反腐败国际追逃追赃和防逃工作的组织协调，督促有关单位做好相关工作：

（一）对于重大贪污贿赂、失职渎职等职务犯罪案件，被调查人逃匿到国（境）外，掌握证据比较确凿的，通过开展境外追逃合作，追捕归案；

（二）向赃款赃物所在国请求查询、冻结、扣押、没收、追缴、返还涉案资产；

（三）查询、监控涉嫌职务犯罪的公职人员及其相关人员进出国（境）和跨境资金流动情况，在调查案件过程中设置防逃程序。

## 第七章　对监察机关和监察人员的监督

**第六十条**　各级监察委员会应当接受本级人民代表大会及其常务委员会的监督。

各级人民代表大会常务委员会听取和审议本级监察委员会的专项工作报告，组织执法检查。

县级以上各级人民代表大会及其常务委员会举行会议时，人民代表大会代表或者常务委员会组成人员可以依照法律规定的程序，就监察工作中的有关问题提出询问或者质询。

**第六十一条**　监察机关应当依法公开监察工作信息，接受民主监督、社会监督、舆论监督。

**第六十二条**　监察机关根据工作需要，可以从各方面代表中聘请特约监察员。特约监察员按照规定对监察机关及其工作人员履行职责情况实行监督。

**第六十三条**　监察机关通过设立内部专门的监督机构等方式，加强对监察人员执行职务和遵守法律情况的监督，建设忠诚、干净、担当的监察队伍。

**第六十四条**　监察人员涉嫌严重职务违法或者职务犯罪，为防止造成更为严重的后果或者恶劣影响，监察机关经依法审批，可以对其采取禁闭措施。禁闭的期限不得超过七日。

被禁闭人员应当配合监察机关调查。监察机关经调查发现被禁闭人员符合管护或者留置条件的，可以对其采取管护或者留置措施。

本法第五十条的规定，适用于禁闭措施。

**第六十五条** 监察人员必须模范遵守宪法和法律，忠于职守、秉公执法，清正廉洁、保守秘密；必须具有良好的政治素质，熟悉监察业务，具备运用法律、法规、政策和调查取证等能力，自觉接受监督。

**第六十六条** 对于监察人员打听案情、过问案件、说情干预的，办理监察事项的监察人员应当及时报告。有关情况应当登记备案。

发现办理监察事项的监察人员未经批准接触被调查人、涉案人员及其特定关系人，或者存在交往情形的，知情人应当及时报告。有关情况应当登记备案。

**第六十七条** 办理监察事项的监察人员有下列情形之一的，应当自行回避，监察对象、检举人及其他有关人员也有权要求其回避：

（一）是监察对象或者检举人的近亲属的；

（二）担任过本案的证人的；

（三）本人或者其近亲属与办理的监察事项有利害关系的；

（四）有可能影响监察事项公正处理的其他情形的。

**第六十八条** 监察机关涉密人员离岗离职后，应当遵守脱密期管理规定，严格履行保密义务，不得泄露相关秘密。

监察人员辞职、退休三年内，不得从事与监察和司法工作相关联且可能发生利益冲突的职业。

**第六十九条** 监察机关及其工作人员有下列行为之一的，被调查人及其近亲属、利害关系人有权向该机关申诉：

（一）采取强制到案、责令候查、管护、留置或者禁闭措施法定期限届满，不予以解除或者变更的；

（二）查封、扣押、冻结与案件无关或者明显超出涉案范围的财物的；

（三）应当解除查封、扣押、冻结措施而不解除的；

（四）贪污、挪用、私分、调换或者违反规定使用查封、扣押、冻结的财物的；

（五）利用职权非法干扰企业生产经营或者侵害企业经营者人身权利、财产权利和其他合法权益的；

（六）其他违反法律法规、侵害被调查人合法权益的行为。

受理申诉的监察机关应当在受理申诉之日起一个月内作出处理决定。申诉人对处理决定不服的，可以在收到处理决定之日起一个月内向上一级监察机关申请复查，上一级监察机关应当在收到复查申请之日起二个月内作出处理决定，情况属实的，及时予以纠正。

**第七十条** 对调查工作结束后发现立案依据不充分或者失实，案件处置出现重大失误，监察人员严重违法的，应当追究负有责任的领导人员和直接责任人员的责任。

## 第八章 法律责任

**第七十一条** 有关单位拒不执行监察机关作出的处理决定，或者无正当理由拒不采纳监察建议的，由其主管部门、上级机关责令改正，对单位给予通报批评；对负有责任的领导人员和直接责任人员依法给予处理。

**第七十二条** 有关人员违反本法规定，有下列行为之一的，由其所在单位、主管部门、上级机关或者监察机关责令改正，依法给予处理：

（一）不按要求提供有关材料，拒绝、阻碍调查措施实施等拒不配合监察机关调查的；

（二）提供虚假情况，掩盖事实真相的；

（三）串供或者伪造、隐匿、毁灭证据的；

（四）阻止他人揭发检举、提供证据的；

（五）其他违反本法规定的行为，情节严重的。

**第七十三条** 监察对象对控告人、检举人、证人或者监察人员进行报复陷害的；控告人、检举人、证人捏造事实诬告陷害监察对象的，依法给予处理。

**第七十四条** 监察机关及其工作人员有下列行为之一的，对负有责任的领导人员和直接责任人员依法给予处理：

（一）未经批准、授权处置问题线索，发现重大案情隐瞒不报，或者私自留存、处理涉案材料的；

（二）利用职权或者职务上的影响干预调查工作、以案谋私的；

（三）违法窃取、泄露调查工作信息，或者泄露举报事项、举报受理情况以及举报人信息的；

（四）对被调查人或者涉案人员逼供、诱供，或者侮辱、打骂、虐待、体罚或者变相体罚的；

（五）违反规定处置查封、扣押、冻结的财物的；

（六）违反规定发生办案安全事故，或者发生安全事故后隐瞒不报、报告失实、处置不当的；

（七）违反规定采取强制到案、责令候查、管护、留置或者禁闭措施，或者法定期限届满，不予以解除或者变更的；

（八）违反规定采取技术调查、限制出境措施，或者不按规定解除技术调查、限制出境措施的；

（九）利用职权非法干扰企业生产经营或者侵害企业经营者人身权利、财产权利和其他合法权益的；

（十）其他滥用职权、玩忽职守、徇私舞弊的行为。

**第七十五条** 违反本法规定，构成犯罪的，依法追究刑事责任。

**第七十六条** 监察机关及其工作人员行使职权，侵犯公民、法人和其他组织的合法权益造成损害的，依法给予国家赔偿。

## 第九章　附　　则

**第七十七条**　中国人民解放军和中国人民武装警察部队开展监察工作，由中央军事委员会根据本法制定具体规定。

**第七十八条**　本法自公布之日起施行。《中华人民共和国行政监察法》同时废止。

全国人民代表大会常务委员会

# 关于修改《中华人民共和国监察法》的决定

（2024 年 12 月 25 日第十四届全国人民代表大会常务委员会第十三次会议通过
2024 年 12 月 25 日中华人民共和国主席令第四十二号公布
自 2025 年 6 月 1 日起施行）

第十四届全国人民代表大会常务委员会第十三次会议决定对《中华人民共和国监察法》作如下修改：

一、将第一条修改为："为了深入开展廉政建设和反腐败工作，加强对所有行使公权力的公职人员的监督，实现国家监察全面覆盖，持续深化国家监察体制改革，推进国家治理体系和治理能力现代化，根据宪法，制定本法。"

**二**、将第五条修改为："国家监察工作严格遵照宪法和法律，以事实为根据，以法律为准绳；权责对等，严格监督；遵守法定程序，公正履行职责；尊重和保障人权，在适用法律上一律平等，保障监察对象及相关人员的合法权益；惩戒与教育相结合，宽严相济。"

**三**、将第十二条第一款修改为："各级监察委员会可以向本级中国共产党机关、国家机关、中国人民政治协商会议委员会机关、法律法规授权或者委托管理公共事务的组织和单位以及辖区内特定区域、国有企业、事业单位等派驻或者派出监察机构、监察专员。"

增加两款，作为第二款、第三款："经国家监察委员会批准，国家监察委员会派驻本级实行垂直管理或者双重领导并以上级单位领导为主的单位、国有企业的监察机构、监察专员，可以向驻在单位的下一级单位再派出。

"经国家监察委员会批准，国家监察委员会派驻监察机构、监察专员，可以向驻在单位管理领导班子的普通高等学校再派出；国家监察委员会派驻国务院国有资产监督管理机构的监察机构，可以向驻在单位管理领导班子的国有企业再派出。"

将第二款改为第四款，修改为："监察机构、监察专员对派驻或者派出它的监察委员会或者监察机构、监察专员负责。"

**四**、将第十八条第二款修改为："监察机关及其工作人员对监督、调查过程中知悉的国家秘密、工作秘密、商业秘密、个人隐私和个人信息，应当保密。"

**五**、将第十九条修改为："对可能发生职务违法的监察对象，监察机关按照管理权限，可以直接或者委托有关机关、人员进行谈话，或者进行函询，要求说明情况。"

**六**、将第二十条第一款修改为："在调查过程中，对涉嫌职务违法的被调查人，监察机关可以进行谈话，要求其就涉嫌违法行为作出陈述，必要时向被调查人出具书面通知。"

**七**、增加一条，作为第二十一条："监察机关根据案件情况，经依法审批，可以强制涉嫌严重职务违法或者职务犯罪的被调查人到案接受调查。"

**八**、增加一条，作为第二十三条："被调查人涉嫌严重职务违法或者职务犯罪，并有下列情形之一的，经监察机关依法审批，可以对其采取责令候查措施：

"（一）不具有本法第二十四条第一款所列情形的；

"（二）符合留置条件，但患有严重疾病、生活不能自理的，系怀孕或者正在哺乳自己婴儿的妇女，或者生活不能自理的人的唯一扶养人；

"（三）案件尚未办结，但留置期限届满或者对被留置人员不需要继续采取留置措施的；

"（四）符合留置条件，但因为案件的特殊情况或者办理案件的需要，采取责令候查措施更为适宜的。

"被责令候查人员应当遵守以下规定：

"（一）未经监察机关批准不得离开所居住的直辖市、设区的市的城市市区或者不设区的市、县的辖区；

"（二）住址、工作单位和联系方式发生变动的，在二十四小时以内向监察机关报告；

"（三）在接到通知的时候及时到案接受调查；

"（四）不得以任何形式干扰证人作证；

"（五）不得串供或者伪造、隐匿、毁灭证据。

"被责令候查人员违反前款规定，情节严重的，可以依法予以留置。"

**九**、增加一条，作为第二十五条："对于未被留置的下列人员，监察机关发现存在逃跑、自杀等重大安全风险的，经依法审批，可以进行管护：

“（一）涉嫌严重职务违法或者职务犯罪的自动投案人员；

“（二）在接受谈话、函询、询问过程中，交代涉嫌严重职务违法或者职务犯罪问题的人员；

“（三）在接受讯问过程中，主动交代涉嫌重大职务犯罪问题的人员。

“采取管护措施后，应当立即将被管护人员送留置场所，至迟不得超过二十四小时。”

**十、**将第二十六条改为第二十九条第一款，修改为：“监察机关在调查过程中，可以直接或者指派、聘请具有专门知识的人在调查人员主持下进行勘验检查。勘验检查情况应当制作笔录，由参加勘验检查的人员和见证人签名或者盖章。”

增加一款，作为第二款：“必要时，监察机关可以进行调查实验。调查实验情况应当制作笔录，由参加实验的人员签名或者盖章。”

**十一、**将第四十条改为第四十三条，第二款修改为：“调查人员应当依法文明规范开展调查工作。严禁以暴力、威胁、引诱、欺骗及其他非法方式收集证据，严禁侮辱、打骂、虐待、体罚或者变相体罚被调查人和涉案人员。”

增加一款，作为第三款：“监察机关及其工作人员在履行职责过程中应当依法保护企业产权和自主经营权，严禁利用职权非法干扰企业生产经营。需要企业经营者协助调查的，应当保障其人身权利、财产权利和其他合法权益，避免或者尽量减少对企业正常生产经营活动的影响。”

**十二、**将第四十一条改为第四十四条，第一款修改为：“调查人员采取讯问、询问、强制到案、责令候查、管护、留置、搜查、调取、查封、扣押、勘验检查等调查措施，均应当依照规定出示证件，出具书面通知，由二人以上进行，形成笔录、报告等书面材料，并由相关人员签名、盖章。”

**十三**、增加一条，作为第四十六条："采取强制到案、责令候查或者管护措施，应当按照规定的权限和程序，经监察机关主要负责人批准。

"强制到案持续的时间不得超过十二小时；需要采取管护或者留置措施的，强制到案持续的时间不得超过二十四小时。不得以连续强制到案的方式变相拘禁被调查人。

"责令候查最长不得超过十二个月。

"监察机关采取管护措施的，应当在七日以内依法作出留置或者解除管护的决定，特殊情况下可以延长一日至三日。"

**十四**、将第四十三条第一款改为第四十七条。

**十五**、将第四十三条第二款改为第四十八条第一款，修改为："留置时间不得超过三个月。在特殊情况下，可以延长一次，延长时间不得超过三个月。省级以下监察机关采取留置措施的，延长留置时间应当报上一级监察机关批准。监察机关发现采取留置措施不当或者不需要继续采取留置措施的，应当及时解除或者变更为责令候查措施。"

增加两款，作为第二款、第三款："对涉嫌职务犯罪的被调查人可能判处十年有期徒刑以上刑罚，监察机关依照前款规定延长期限届满，仍不能调查终结的，经国家监察委员会批准或者决定，可以再延长二个月。

"省级以上监察机关在调查期间，发现涉嫌职务犯罪的被调查人另有与留置时的罪行不同种的重大职务犯罪或者同种的影响罪名认定、量刑档次的重大职务犯罪，经国家监察委员会批准或者决定，自发现之日起依照本条第一款的规定重新计算留置时间。留置时间重新计算以一次为限。"

**十六**、将第四十三条第三款改为第四十九条第一款，修改为："监察机关采取强制到案、责令候查、管护、留置措施，可以根据工作需要提请公安机关配合。公安机关应当依法予以协助。"

增加一款，作为第二款："省级以下监察机关留置场所的看护勤务由公安机关负责，国家监察委员会留置场所的看护勤务由国家另行规定。留置看护队伍的管理依照国家有关规定执行。"

**十七、**将第四十四条改为第五十条，第一款修改为："采取管护或者留置措施后，应当在二十四小时以内，通知被管护人员、被留置人员所在单位和家属，但有可能伪造、隐匿、毁灭证据，干扰证人作证或者串供等有碍调查情形的除外。有碍调查的情形消失后，应当立即通知被管护人员、被留置人员所在单位和家属。解除管护或者留置的，应当及时通知被管护人员、被留置人员所在单位和家属。"

增加一款，作为第二款："被管护人员、被留置人员及其近亲属有权申请变更管护、留置措施。监察机关收到申请后，应当在三日以内作出决定；不同意变更措施的，应当告知申请人，并说明不同意的理由。"

将第二款改为第三款，修改为："监察机关应当保障被强制到案人员、被管护人员以及被留置人员的饮食、休息和安全，提供医疗服务。对其谈话、讯问的，应当合理安排时间和时长，谈话笔录、讯问笔录由被谈话人、被讯问人阅看后签名。"

将第三款改为第四款，修改为："被管护人员、被留置人员涉嫌犯罪移送司法机关后，被依法判处管制、拘役或者有期徒刑的，管护、留置一日折抵管制二日，折抵拘役、有期徒刑一日。"

**十八、**增加一条，作为第五十一条："监察机关在调查工作结束后，应当依法对案件事实和证据、性质认定、程序手续、涉案财物等进行全面审理，形成审理报告，提请集体审议。"

**十九、**将第四十八条改为第五十五条，修改为："监察机关在调查贪污贿赂、失职渎职等职务犯罪案件过程中，被调查人逃匿或者死亡，有必要继续调查的，应当继续调查并作出结论。被调查人逃匿，在通缉一年后不能到案，或者死亡的，由监察机关提请人民检察院依照法定程序，向人民法院提出没收违法所得的申请。”

**二十、**将第五十一条改为第五十八条，修改为：“国家监察委员会会同有关单位加强与有关国家、地区、国际组织在反腐败方面开展引渡、移管被判刑人、遣返、联合调查、调查取证、资产追缴和信息交流等执法司法合作和司法协助。”

**二十一、**增加一条，作为第六十二条：“监察机关根据工作需要，可以从各方面代表中聘请特约监察员。特约监察员按照规定对监察机关及其工作人员履行职责情况实行监督。”

**二十二、**增加一条，作为第六十四条：“监察人员涉嫌严重职务违法或者职务犯罪，为防止造成更为严重的后果或者恶劣影响，监察机关经依法审批，可以对其采取禁闭措施。禁闭的期限不得超过七日。

“被禁闭人员应当配合监察机关调查。监察机关经调查发现被禁闭人员符合管护或者留置条件的，可以对其采取管护或者留置措施。

“本法第五十条的规定，适用于禁闭措施。”

**二十三、**将第六十条改为第六十九条，第一款修改为：“监察机关及其工作人员有下列行为之一的，被调查人及其近亲属、利害关系人有权向该机关申诉：

“（一）采取强制到案、责令候查、管护、留置或者禁闭措施法定期限届满，不予以解除或者变更的；

“（二）查封、扣押、冻结与案件无关或者明显超出涉案范围的财物的；

“（三）应当解除查封、扣押、冻结措施而不解除的；

“（四）贪污、挪用、私分、调换或者违反规定使用查封、扣押、冻结的财物的；

“（五）利用职权非法干扰企业生产经营或者侵害企业经营者人身权利、财产权利和其他合法权益的；

“（六）其他违反法律法规、侵害被调查人合法权益的行为。”

**二十四、**将第六十五条改为第七十四条，第七项修改为：“（七）违反规定采取强制到案、责令候查、管护、留置或者禁闭措施，或者法定期限届满，不予以解除或者变更的”。

将第八项修改为：“（八）违反规定采取技术调查、限制出境措施，或者不按规定解除技术调查、限制出境措施的”。

增加一项，作为第九项：“（九）利用职权非法干扰企业生产经营或者侵害企业经营者人身权利、财产权利和其他合法权益的”。

本决定自2025年6月1日起施行。

《中华人民共和国监察法》根据本决定作相应修改并对条文顺序作相应调整，重新公布。

全国人民代表大会宪法和法律委员会

# 关于《中华人民共和国监察法（修正草案）》审议结果的报告

（2024年12月21日）

**全国人民代表大会常务委员会：**

常委会第十一次会议对监察法修正草案进行了初次审议。会后，法制工作委员会将修正草案印发中央有关部门、各省（自治区、直辖市）和部分设区的市人大常委会、部分基层立法联系点、高等院校、研究机构征求意见，并在中国人大网全文公布修正草案，征求社会公众意见。

宪法和法律委员会、监察和司法委员会、法制工作委员会联合召开座谈会，就修正草案中的主要问题听取中央有关部门和专家学者的意见；到北京、山西等地调研，听取意见。宪法和法律委员会于11月25日召开会议，根据常委会组成人员的审议意见和各方面的意见，对修正草案进行了逐条审议。监察和司法委员会、国家监察委员会有关负责同志列席了会议。12月16日，宪法和法律委员会召开会议，再次进行了审议。宪法和法律委员会认为，党的二十届三中全会决定明确提出修改监察法，贯彻落实党中央决策部署，巩固拓展国家监察体制改革成果，根据反腐败斗争新形势新任务，与时俱进对监察法进行修改是必要的，修正草案经过审议修改，已经比较成熟。同时，提出以下主要修改意见：

一、有的常委委员、部门、地方、基层立法联系点、专家和社会公众建议，对强制到案、责令候查、管护三项强制措施相应的审批权限和程序予以明确，防止滥用。宪法和法律委员会经研究，建议增加规定："采取强制到案、责令候查或者管护措施，应当按照规定的权限和程序，经监察机关主要负责人批准。"

二、修正草案第十九条规定，"国家监察委员会会同有关单位加强与有关国家、地区、国际组织在反腐败方面的司法执法合作，开展引渡、司法协助、移管被判刑人、遣返、联合调查、调查取证、资产追缴和信息交流等合作。"有的部门和专家提出，根据国际刑事司法协助法的规定，调查取证、移管被判刑人属于司法协助的范围，建议与相关法律做好衔接。宪法和法律委员会经研究，建议将本条修改为："国家监察委员会会同有关单位加强与有关国家、地区、国际组织在反腐败方面开展引渡、移管被判刑人、遣返、联合调查、调查取证、资产追缴和信息交流等执法司法合作和司法协助。"

三、修正草案第二十二条对被调查人的申诉权作了规定。有的常委委员、地方、基层立法联系点和专家提出，为了保护被调查人的人身权、财产权和企业的合法权益，建议进一步明确相关救济途径。宪法和法律委员会经研究，建议在被调查人有权申诉的情形中增加规定：采取“禁闭”措施法定期限届满，不予以解除或者变更的；“利用职权非法干扰企业生产经营或者侵害企业经营者人身权利、财产权利和其他合法权益的”。

**四、**修正草案第二十三条对监察机关及其工作人员的法律责任作了规定。有的意见建议增加规定，监察机关及其工作人员违反规定采取强制到案、责令候查、管护、留置“或者禁闭”措施，“或者法定期限届满，不予以解除或者变更”的；“利用职权非法干扰企业生产经营或者侵害企业经营者人身权利、财产权利和其他合法权益的”，应当对有关人员给予处理。宪法和法律委员会经研究，建议采纳上述意见。

需要说明的是，各方面还对进一步完善监察制度提出了一些好的意见建议。宪法和法律委员会经研究认为，有的可以在实践中进一步探索，有的尚未形成共识、修改条件还不成熟，有的可以通过加强改进工作予以解决。考虑到这次修改是部分修改，属于可改可不改的，一般不作修改，对各方面提出的意见建议，可继续加强研究，或者在国家监察委员会相关配套规定中予以考虑。

此外，根据各方面的意见，还对修正草案作了一些文字修改。

12 月 5 日，法制工作委员会召开会议，邀请部分专家学者、全国人大代表就修正草案中主要制度规范的可行性、法律出台时机等进行评估。与会人员普遍认为，修正草案贯彻党的二十大和二十届三中全会决策部署，总结吸收实践经验，将国家监察体制改革的实践成果制度化，有效回应和解决新形势下监察工作中的突出问题，具有现实必要性、针对性和可行性，对持续深化国家监察体制改革，进一步健全监察制度，推进监察工作规范化、法治化、正规化，具有重要意义。修正草案经过修改，充分吸收了各方面意见，已经比较成熟，建议审议通过。与会人员还对修正草案提出了一些具体修改意见，经研究，对有的意见予以采纳。

宪法和法律委员会已按上述意见提出了全国人民代表大会常务委员会关于修改《中华人民共和国监察法》的决定（草案），建议提请本次常委会会议审议通过。

修改决定草案和以上报告是否妥当，请审议。

# 关于《中华人民共和国监察法（修正草案）》的说明

——2024 年 9 月 10 日在第十四届全国人民代表大会常务委员会第十一次会议上

刘金国*

**全国人民代表大会常务委员会：**

我代表国家监察委员会，作关于《中华人民共和国监察法（修正草案）》的说明。

## 一、修改监察法的必要性

十三届全国人大一次会议于 2018 年 3 月 20 日审议通过的《中华人民共和国监察法》，是深化国家监察体制改革的重大制度成果。监察法的实施，对加强党对反腐败工作的集中统一领导，构建集中统一、权威高效的中国特色国家监察体制，实现对公职人员的监察全覆盖发挥了重

* 国家监察委员会主任。

要作用。与此同时，以习近平同志为核心的党中央从推进党的自我革命、健全党和国家监督体系的高度，对持续深化国家监察体制改革作出重要部署，反腐败斗争面临新的形势和任务，全面建设社会主义现代化国家对纪检监察工作高质量发展提出新的要求，迫切需要与时俱进地对监察法作出修改完善。

一是深入贯彻党的二十大和二十届三中全会决策部署的必然要求。党的二十大和二十届三中全会对推进反腐败国家立法作出明确部署。监察法作为对国家监察工作起统领性和基础性作用的反腐败国家立法，是党和国家监督制度的重要内容，是党的自我革命制度规范体系的重要组成部分。贯彻党的二十大和二十届三中全会精神，及时修改监察法，坚持和强化党对监察工作的领导，坚持和完善党中央集中统一领导下的反腐败工作体制机制，完善监察机关派驻制度，深化反腐败国际合作，增强监察全覆盖的有效性，有利于健全党和国家监督体系，增强治理腐败效能，提升党的自我净化、自我完善、自我革新、自我提高能力，更好实现新时代新征程党的使命任务。

二是巩固拓展国家监察体制改革成果的重要举措。习近平总书记强调，“要实现立法和改革决策相衔接，做到重大改革于法有据、立法主动适应改革发展需要”①。监察法实施以来，在党中央坚强领导下，国家监察体制改革持续深化，改革举措不断出台，改革成效不断显现。修改监察法，及时把在党中央领导下持续深化国家监察体制改革积累的宝贵经验制度化，将实践成果上升为法律规定，能够为持续深化国家监察体制改革提供长久法治动力，有利于形成立法保障改革、改革推动制度创新的良性循环。

三是解决新形势下监察工作中突出问题的现实需要。当前，反腐败斗争取得压倒性胜利并全面巩固，但形势依然严峻复杂，铲除腐败滋生

① 中共中央文献研究室编：《习近平关于全面依法治国论述摘编》，中央文献出版社2015年版，第51页。

土壤和条件的任务依然艰巨。同时，监察法实施中出现了一些新情况新问题，如有些案件留置期限紧张影响办案质量和效果，监察机关强制措施单一等。修改监察法，根据反腐败斗争的新形势新任务，进一步授予监察权限，优化留置期限，打通理顺制度堵点难点，有利于依法解决实践中反映出来的突出问题，进一步提高监督执法工作的精准性、实效性，为以零容忍态度反腐惩恶，坚决打赢反腐败斗争攻坚战持久战，一体推进不敢腐、不能腐、不想腐提供法制保障。

四是推进监察工作规范化、法治化、正规化的有力保证。习近平总书记多次强调，纪检监察机关要增强法治意识、程序意识、证据意识，不断提高纪检监察工作规范化、法治化、正规化水平。监察法集组织法、程序法、实体法于一体，对保障各级监察机关正确行使职权，以法治思维和法治方式反对腐败发挥了积极作用。随着监察实践的不断丰富发展，修改监察法，进一步完善监察程序、严格批准权限，健全监察机关内控机制，严格对监察人员违法行为的责任追究，有利于指导各级监察机关加强规范化、专业化建设，健全自身权力运行机制和管理监督体系，确保监察执法权受监督、有约束，推动监察权在法治轨道上运行，推进新时代监察工作高质量发展。

## 二、修改监察法的指导思想、工作原则和工作过程

监察法修改工作坚持以习近平新时代中国特色社会主义思想为指导，深入贯彻习近平法治思想，深刻领悟“两个确立”的决定性意义，增强“四个意识”、坚定“四个自信”、做到“两个维护”，主要把握以下原则：一是坚持正确政治方向。坚决贯彻落实党中央决策部署，使党的主张通过法定程序转化为国家意志，自觉在党中央的领导下开展修法工作。二是坚持问题导向。聚焦实践反映的突出问题，对法律制度堵点实施“定点爆破”，力争以小切口解决大问题。三是坚持系统观念。与近年来新制定或者修改的纪检党内法规和监察法律法规相衔接，保证制

度之间协调联动。四是坚持科学修法。保持监察法总体稳定，根据党中央部署和形势发展要求作必要修改，保持基本监察制度顶层设计的连续性。

国家监委于2023年启动监察法修改工作，主要开展了以下工作：一是深入学习领会习近平总书记重要论述。认真学习习近平法治思想和习近平总书记关于党的自我革命的重要思想，全面梳理学习习近平总书记关于完善党和国家监督体系、持续深化国家监察体制改革、深入开展党风廉政建设和反腐败斗争等重要论述。二是深入调查研究。梳理近年来全国人大代表和政协委员提出的有关议案、建议和提案，就修法重点难点问题开展专题研究，召开专家学者座谈会，并赴部分省份开展实地调研。三是广泛征求意见。《草案》起草过程中，征求了中央和国家机关有关部门、省级监察机关和部分市、县监察机关等单位的意见。在此基础上，经反复研究、修改完善，形成了目前的《草案》。《草案》已经国家监察委员会全体会议审议同意。

## 三、修改的主要内容

《草案》共二十三条，对现行监察法主要作了五个方面修改，内容如下：

（一）完善总则和有关监察派驻的规定。一是为体现与时俱进修法的精神，对立法目的表述进行调整，将“深入开展反腐败工作”作为首要立法目的。二是将“遵守法定程序，公正履行职责”“尊重和保障人权”写入监察工作原则，并在监察程序中对监察机关依法文明规范开展调查工作、保护企业产权和自主经营权等作出规定。三是规定国家监委派驻本级实行垂直管理或者双重领导并以上级单位领导为主的单位、国有企业的监察机构、监察专员，可以向驻在单位的下一级单位再派出；国家监委派驻国务院国资委等有关单位的监察机构、监察专员可以向驻在单位管理领导班子的国有企业、普通高等学校再派出。这能够为实现监察有效覆盖提供法律依据。

（二）授予必要的监察措施。根据反腐败工作需要和监察工作特点，构建轻重结合、配套衔接的监察强制措施体系。一是增加强制到案措施，规定监察机关根据案件情况，可以强制涉嫌严重职务违法或者职务犯罪的被调查人到案接受调查，解决监察实践中存在的部分被调查人经通知不到案的问题，增强监察执法权威性。二是增加责令候查措施，解决未被采取留置措施的被调查人缺乏相应监督管理措施的问题，同时减少留置措施适用，彰显本法总则关于尊重和保障人权、维护监察对象和相关人员合法权益的基本原则。三是增加管护措施，规定监察机关在特定情形下，对存在逃跑、自杀等重大安全风险的涉嫌严重职务违法或者职务犯罪人员，可以进行管护，避免有关人员自动投案或者交代有关问题后因情绪波动等原因发生安全事件。

（三）完善监察程序。一是在现行留置期限规定的基础上，增加规定经国家监委批准或决定，对可能判处十年有期徒刑以上刑罚的案件可以再延长二个月留置期限，省级以上监察机关发现另有重要罪行可以重新计算一次留置期限，以适应监察办案实际，解决重大复杂案件留置期限紧张的问题。二是明确公安机关负责省级以下监察机关留置场所的看护勤务，对留置看护队伍的组建作出原则规定。三是配套完善新增三项监察强制措施的时限和工作要求，赋予有关人员申请变更监察强制措施的权利，后续还将在相关配套制度中进一步细化采取监察强制措施的内部审批手续和工作流程，确保相关措施严格规范行使。四是规定审理程序和审理工作要求，突出审理的审核把关和监督制约作用。

（四）充实反腐败国际合作相关规定。与国际刑事司法协助法等法律相衔接，充实完善国家监委反腐败国际合作职责。

（五）强化监察机关自身建设。一是增加特约监察员监督相关内容。二是巩固深化全国纪检监察干部队伍教育整顿成果，增加规定监察人员涉嫌严重职务违法或者职务犯罪，为防止造成更为严重的后果或者恶劣影响，监察机关可以对其采取禁闭措施，体现对监察人员从严监督和约束。三是结合新增监察措施，相应完善对监察机关及其人员违法办案的申诉制度和责任追究规定。

《草案》和以上说明是否妥当，请审议。

## 推进监察工作规范化法治化正规化<br>解读修改后的监察法

赵晨熙*

2024年12月25日，十四届全国人大常委会第十三次会议表决通过关于修改监察法的决定。修改后的监察法将自2025年6月1日起施行。

现行监察法于2018年审议通过，作为对国家监察工作起统领性和基础性作用的反腐败国家立法，对加强党对反腐败工作的集中统一领导，构建集中统一、权威高效的中国特色国家监察体制，实现对公职人员的监察全覆盖发挥了重要作用。

全国人大常委会法制工作委员会国家法室负责人在接受媒体采访时指出，鉴于反腐败斗争面临新的形势和任务，全面建设社会主义现代化国家对纪检监察工作高质量发展提出新的要求，修改监察法意义重大，是巩固拓展国家监察体制改革成果的重要举措，是解决新形势下监察工作中突出问题的现实需要，是推进监察工作规范化、法治化、正规化的有力保证。

### 聚焦五方面全面修改

中央纪委国家监委法规室负责人具体介绍了此次监察法修改

---

* 《法治日报》记者。

聚焦的五大方面。

完善有关监察派驻规定方面，规定国家监委派驻本级实行垂直管理或者双重领导并以上级单位领导为主的单位、国有企业的监察机构、监察专员，可以向驻在单位的下一级单位再派出；国家监委派驻监察机构、监察专员，可以向驻在单位管理领导班子的普通高等学校再派出；国家监委派驻国务院国有资产监督管理机构的监察机构，可以向驻在单位管理领导班子的国有企业再派出。

授予监察机关必要监察措施方面，构建了轻重结合、配套衔接的监察强制措施体系。具体包括：增加强制到案措施；增加责令候查措施；增加管护措施。

完善监察程序方面，在现行留置期限规定的基础上，增加规定经国家监委批准或决定，对可能判处十年有期徒刑以上刑罚的案件可以再延长二个月留置期限，省级以上监察机关发现另有重要罪行可以重新计算一次留置期限，以适应监察办案实际，解决重大复杂案件留置期限紧张的问题。同时，明确公安机关负责省级以下监察机关留置场所的看护勤务，对留置看护队伍的管理作出原则规定。此外，配套完善新增三项监察强制措施的时限、审批程序和工作要求。

反腐败国际合作方面，修改后的监察法充实了相关规定，与国际刑事司法协助法等法律相衔接，充实完善国家监委反腐败国际合作职责。

强化监察机关自身建设方面，修改后的监察法增加特约监察员监督相关内容。增加规定监察人员涉嫌严重职务违法或者职务犯罪，为防止造成更为严重的后果或者恶劣影响，监察机关可以对其采取禁闭措施。结合新增监察强制措施、保护企业产权和自主经营权的要求，相应完善对监察机关及其工作人员违法办案的申诉制度和责任追究规定。

## 增设监察“再派出”制度

增设监察“再派出”制度是此次修改监察法的一大亮点。

中央纪委国家监委法规室负责人解释称，原监察法规定了监察派驻、派出制度，各级监委依法向党的机关、国家机关、国有企事业单位等派驻、派出监察机构、监察专员，有力推进了监察全覆盖。但在实践中，对于垂管系统而言，国家监委只能向其中央一级单位派驻监察机构，使得监督难以有效覆盖全系统。

本次修改增设监察“再派出”制度，规定经国家监委批准，国家监委派驻垂管系统中央一级单位的监察机构可以向其驻在单位的下一级单位再派出，有利于实现监察权向下延伸，破解垂管系统监察监督的瓶颈问题，增强监察监督全覆盖的有效性。

“中管企业虽不属于机构编制意义上的垂管单位，但在监察权运用的全覆盖方面存在与垂管单位相同的问题。”该负责人补充指出，对于教育部等中央单位所属的高校和国资委下属的委管企业，因不属于国家监委的“本级”，无法被授予监察权。相关企业、高校的监察对象人数多、地域分散，国家监委驻中管企业、国务院国资委、教育部等中央一级单位的派驻机构难以实现有效监督。因此，修改后的监察法将这些领域与垂管系统一并纳入监察“再派出”的范畴。

## 加强监察权监督制约

加强对监察权的监督制约，保障公民权利，是此次监察法修改的另一项重点内容。

全国人大常委会法制工作委员会国家法室负责人介绍，修改后的监察法强化监察执法工作规范化要求。在总则中将“遵守法定程序，公正履行职责”写入监察工作原则，进一步突出依法开展监察工作的总体要求。在第五章监察程序中增加规定，“调查人员应当依法文明规范开展调查工作”，并明确了不得以暴力方式收集证据的要求，坚决杜绝暴力取证。

为强化公民权利保障，修改后的监察法在监察工作原则中增写“尊重和保障人权”，将“保障当事人的合法权益”修改为“保障监察对象及相关人员的合法权益”，充分彰显依法全面保障人权的鲜明立场。同时，对监察机关依法保护企业产权和自主经营权作出专门规定，进一步强化监察调查工作中对各类企业产权和企业经营者合法权益的保障，避免或者减少对涉案企业正常生产、经营活动的影响。

修改后的监察法坚持授权与控权相结合，在依法授予必要监察强制措施的同时，对新增监察强制措施适用情形予以列举式规定，明确采取新增监察强制措施应当按照规定的权限和程序，经监察机关主要负责人批准，防止滥用。同时，专门增加关于依法变更强制措施的规定，以减少留置措施适用。

为加强对监察权的监督和约束，修改后的监察法完善了对监察机关及其工作人员违法办案的申诉制度和责任追究规定，促进严格依法行使监察权。

（来源：《法治日报》2024年12月31日）

## 司法解释、司法指导性文件与解读

最高人民检察院

# 关于印发《人民检察院行刑反向衔接工作指引》的通知

（2024 年 11 月 26 日）

**各省、自治区、直辖市人民检察院，解放军军事检察院，新疆生产建设兵团人民检察院：**

为深入贯彻党的二十届三中全会精神，认真落实《中共中央关于加强新时代检察机关法律监督工作的意见》，依法保障和规范开展行刑反向衔接工作，2024 年 11 月 7 日最高人民检察院第十四届检察委员会第三十九次会议审议通过《人民检察院行刑反向衔接工作指引》，现予印发，请认真贯彻执行。工作中遇到的新情况、新问题，请及时层报最高人民检察院。

## 人民检察院行刑反向衔接工作指引

### 第一章　总　　则

**第一条**　为保障和规范检察机关开展行刑反向衔接工作，根据

《中华人民共和国刑法》《中华人民共和国刑事诉讼法》《中华人民共和国行政处罚法》，结合检察工作实际，制定本指引。

**第二条** 本指引所称行刑反向衔接是指人民检察院对决定不起诉的案件，经审查认为需要给予被不起诉人行政处罚的，及时提出检察意见，移送有关行政主管机关，并对案件处理情况进行跟踪督促。

**第三条** 人民检察院开展行刑反向衔接工作，坚持严格依法、客观公正、过罚相当，加强跟踪，促进有关行政主管机关依法行使行政处罚权。

**第四条** 负责行政检察工作的部门具体负责行刑反向衔接工作，依法审查是否应向有关行政主管机关提出检察意见，并做好案件移送、分析汇总、沟通协调等工作。

刑事检察部门对依法决定不起诉的案件，应当移送负责行政检察工作的部门审查是否应对被不起诉人提出给予行政处罚的检察意见。

未成年人检察、知识产权检察等综合履行刑事、民事、行政和公益诉讼检察的专门检察部门按照分工和管辖案件类别，统筹履行行刑反向衔接相关工作职责。

## 第二章　受　　理

**第五条** 人民检察院决定不起诉的案件，刑事检察部门自作出不起诉决定之日起三个工作日内，通过检察业务应用系统将案件移送负责行政检察工作的部门，并同步移送不起诉案件审查报告、不起诉决定书、相关证据材料等。

刑事检察部门移送决定不起诉案件时，可以提出是否需要对被不起诉人给予行政处罚的意见。

**第六条** 负责行政检察工作的部门应当审查刑事检察部门移送的材料是否齐全。材料不齐全的，负责行政检察工作的部门应当告知刑事检察部门补齐相关材料后接收。

负责行政检察工作的部门接收案件材料后，应当及时登记并将案件分配给检察官办理。

## 第三章　审　　查

### 第一节　审查程序

**第七条**　人民检察院办理行刑反向衔接案件制发检察意见，既要审查依法是否应当对被不起诉人进行行政处罚，也要审查是否有必要对被不起诉人进行行政处罚。

**第八条**　人民检察院负责行政检察工作的部门办理行刑反向衔接案件，应当围绕在案证据是否能够证明被不起诉人实施了违法行为和是否具有行政处罚的法律依据进行审查。符合以下条件的，可以向有关行政主管机关提出检察意见：

（一）被不起诉人的行为违反行政管理秩序的；

（二）依照法律、法规、规章规定，应当给予行政处罚的。

**第九条**　人民检察院负责行政检察工作的部门办理行刑反向衔接案件，具有下列情形之一的，可以不提出检察意见：

（一）已满十四周岁不满十八周岁的未成年人、尚未完全丧失辨认或者控制自己行为能力的精神病人、智力残疾人有违法行为的；

（二）初次违法且危害后果轻微并及时改正的；

（三）主动消除或者减轻违法行为危害后果的；

（四）受他人胁迫或者诱骗实施违法行为的；

（五）已经予以训诫或责令具结悔过、赔礼道歉、赔偿损失的；

（六）当事人达成刑事和解，或情节轻微并获得被害人谅解的；

（七）当事人因同一违法行为已受到行政处罚的；

（八）法律、法规、规章规定的其他情形。

**第十条** 人民检察院负责行政检察工作的部门办理行刑反向衔接案件，具有下列情形之一的，应当不提出检察意见：

（一）违法行为超过行政处罚时效的；

（二）不满十四周岁的未成年人实施违法行为的；

（三）精神病人、智力残疾人在不能辨认或者不能控制自己行为时实施违法行为的；

（四）违法行为轻微并及时改正，没有造成危害后果的；

（五）当事人有证据足以证明没有主观过错，且法律、行政法规未另行规定的；

（六）具有法律、法规、规章规定的不予行政处罚的其他情形的。

**第十一条** 人民检察院负责行政检察工作的部门办理行刑反向衔接案件，确需调查核实的，依照《人民检察院行政诉讼监督规则》等有关规定办理。

**第十二条** 人民检察院负责行政检察工作的部门办理行刑反向衔接案件，自负责行政检察工作的部门登记受理之日起十个工作日内审查终结。

征求异地人民检察院意见的期间，不计入办理行刑反向衔接案件的审查期限。

案情重大、疑难、复杂的，可以报请检察长延长审查期限。

**第十三条** 人民检察院负责行政检察工作的部门审查行刑反向衔接案件期间，有下列情形之一的，应当中止审查并制作《中止审查决定书》：

（一）公安机关对不起诉决定要求复议或者提请复核的；

（二）被害人或者其近亲属及其诉讼代理人对不起诉决定不服，提起申诉，或向人民法院提起刑事自诉的；

（三）被不起诉人对不起诉决定不服提起申诉的。

经复议、复核、复查，未变更、撤销不起诉决定的，自负责行政检察工作的部门收到复议、复核、复查决定之日起恢复审查。

对被害人刑事自诉，人民法院裁定不予立案或驳回起诉的，自负责行政检察工作的部门收到裁定文书之日起恢复审查。

**第十四条** 承办检察官对审查认定的事实负责。审查终结后，应当制作审查终结报告。审查终结报告应当全面客观公正叙述案件事实，依法提出制发检察意见或终结审查的处理意见。

审查终结报告应当包括当事人基本情况、刑事案件审查情况、审查认定的事实及证据、审查意见、风险评估预警等内容。

刑事检察部门对被不起诉人是否应当给予行政处罚提出的意见，负责行政检察工作的部门拟不采纳的，应当在审查终结报告中说明不采纳的理由。

**第十五条** 承办检察官审查认为具有下列情形之一，不需要给予行政处罚的，应当制作《终结审查决定书》，报检察长批准：

（一）刑事在案证据不能证明被不起诉人有违法行为的；

（二）被不起诉人的违法行为没有相应的行政处罚依据或者行政处罚依据已经失效的；

（三）具有本指引第九条规定的情形，决定不提出检察意见的；

（四）具有本指引第十条规定的情形的；

（五）不起诉决定被撤销的；

（六）人民法院对被害人提起的刑事自诉案件作出判决，追究被不起诉人刑事责任的。

对符合前款情形的，可以简化制作审查终结报告。

## 第二节 检察意见

**第十六条** 承办检察官认为需要给予被不起诉人行政处罚的，应当制作《检察意见书》，报检察长批准。

《检察意见书》应当包括以下内容：

（一）主送单位名称；

（二）案件来源；

（三）作出不起诉决定的基本情况；

（四）采取和解除羁押性强制措施情况；

（五）查封、扣押、冻结涉案财物情况；

（六）对被不起诉人予以训诫或责令具结悔过、赔礼道歉、赔偿损失等情况；

（七）被不起诉人的违法事实、情节及证据；

（八）应当给予行政处罚的意见；

（九）有关行政主管机关书面回复处理结果或者办理情况的期限。

**第十七条** 人民检察院发出《检察意见书》之前，可以征求有关行政主管机关的意见。

**第十八条** 作出不起诉决定的人民检察院认为需要向上级行政主管机关提出检察意见的，应当层报与该行政主管机关同级的人民检察院决定并提出。

作出不起诉决定的人民检察院认为需要向下级行政主管机关提出检察意见的，应当指令对应的下级人民检察院提出。

作出不起诉决定的人民检察院认为需要异地提出检察意见的，应当书面征求行政主管机关所在地同级人民检察院意见。行政主管机关所在地同级人民检察院应当在十五个工作日内书面回复是否同意提出检察意见并说明理由。意见不一致的，层报共同的上级人民检察院决定。

**第十九条** 人民检察院负责行政检察工作的部门应当自决定制发《检察意见书》之日起三个工作日内，连同不起诉决定书、相关证据材料等一并送达有关行政主管机关，并将《检察意见书》抄送同级司法行政机关。对于实行垂直管理的行政主管机关，人民检察院应当将《检察意见书》抄送其上级行政主管机关。

**第二十条** 《检察意见书》应当载明有关行政主管机关自收到

《检察意见书》之日起九十日内，将处理结果或者办理情况书面回复人民检察院。

因情况紧急需要立即处理的，可以根据实际情况确定回复期限。

### 第三节　跟踪督促

**第二十一条**　人民检察院向有关行政主管机关提出检察意见后，应当持续跟踪后续处理情况，存在分歧的，应当与有关行政主管机关进行沟通。

**第二十二条**　有关行政主管机关收到《检察意见书》后具有不予回复、不予行政立案、无正当理由不予行政处罚等违法情形的，人民检察院应当依照法律规定督促其纠正。

**第二十三条**　有关行政主管机关存在本指引第二十二条规定情形之一的，除依法督促其纠正外，经检察长决定，人民检察院可以将有关情况书面通报同级司法行政机关，或者提请上级人民检察院通报其上级机关。必要时可以报告同级党委和人民代表大会常务委员会。

## 第四章　其他规定

**第二十四条**　人民检察院负责行政检察工作的部门办理行刑反向衔接案件，发现需要对被不起诉人给予政务处分的，应当按照规定将案件线索移送有关机关处理。

**第二十五条**　人民检察院负责行政检察工作的部门办理行刑反向衔接案件，应当按照规定立卷归档。

**第二十六条**　未成年人检察、知识产权检察等综合履行刑事、民事、行政和公益诉讼检察的专门检察部门，对办理行刑反向衔接案件没有特殊规定的，参照本指引办理。

**第二十七条**　人民检察院负责行政检察工作的部门办理行刑反向衔

接案件，应当加强与刑事检察部门的沟通，并将提出检察意见和行政主管部门采纳情况及时反馈刑事检察部门。

人民检察院负责行政检察工作的部门办理行刑反向衔接案件，应当加强与有关行政主管机关的协调配合，加强证据材料移交、接收衔接，建立健全案件信息共享、案情通报机制。

## 第五章　附　　则

**第二十八条**　本指引由最高人民检察院负责解释，自印发之日起施行。本院之前公布的其他规定与本指引内容不一致的，以本指引为准。

# 解读《关于办理洗钱刑事案件适用法律若干问题的解释》*

陈鸿翔**　陈学勇***　陈新旺****

最高人民法院、最高人民检察院于 2024 年 8 月 19 日发布了《关于办理洗钱刑事案件适用法律若干问题的解释》（法释〔2024〕10 号，以下简称《解释》），自 2024 年 8 月 20 日起施行。为便于司法实践中正确理解和适用，现就《解释》的制定背景、起草中的主要考虑和主要内容介绍如下。

---

* 该司法文件收录于《刑事法律文件解读》总第 230 辑，人民法院出版社 2024 年版，第 1~4 页。

** 作者单位：最高人民法院刑事审判第三庭。

*** 作者单位：最高人民法院第二巡回法庭。

**** 作者单位：最高人民法院刑事审判第三庭。

## 一、《解释》的制定背景与经过

金融安全是国家安全的重要组成部分，维护金融安全是关系我国经济社会发展全局的带有战略性的大事。洗钱犯罪与毒品犯罪、有组织犯罪、腐败犯罪等有着紧密联系，严重破坏金融管理秩序，危害国家金融安全，社会危害性大，应依法惩处。党中央、国务院高度重视反洗钱工作，司法机关要进一步提高政治站位，从推进国家治理体系和治理能力现代化、参与全球治理的高度，深刻认识加强反洗钱工作、依法严惩洗钱犯罪的重大意义，把思想和行动统一到党中央的决策部署上来，依法严惩洗钱犯罪。

1997 年刑法对洗钱罪作了规定。刑法修正案（三）、刑法修正案（六）先后对洗钱罪作了修改完善。为依法惩治洗钱犯罪活动，最高人民法院于 2009 年制定了《关于审理洗钱等刑事案件具体应用法律若干问题的解释》（法释〔2009〕15 号，以下简称《2009 年解释》，已失效），最高人民法院、最高人民检察院、公安部于 2020 年出台了《关于办理洗钱刑事案件若干问题的意见》（以下简称《2020 年意见》），明确了洗钱犯罪的定罪量刑标准和相关法律适用问题，确保刑法得到正确实施。

从 2021 年 3 月 1 日起施行的刑法修正案（十一）对洗钱罪刑法条文作了重大修改，删除了原洗钱罪条款中的“明知”和“协助”等术语，将“自洗钱”纳入洗钱罪的打击范围，同时取消了洗钱罪罚金数额的限制，对洗钱犯罪的定罪量刑产生重大影响，迫切需要对现行洗钱刑事司法解释进行修改。同时结合司法实践，有必要进一步明确定罪量刑标准和有关法律适用问题。此外，金融行动特别工作组在对我国反洗钱工作进行评估的基础上，指出了我国反洗钱工作在合规性和有效性方面存在的问题，例如，自洗钱行为无法单独定罪、广义洗钱罪结构的优化、洗钱罪主观明知的证明等，迫切需要修改完善相关法律、司法解释和司法政策，更好地满足反洗钱工作需要。《最高人民法院反洗钱工作方案和整改任务清单》明确了在《2009 年解释》的基础上，拟联合制定最高人民法院、最高人民检察院《关于办理洗钱刑事案件适用法律若干问题的解释》的整改任务。

为确保法律准确、统一适用，依法严厉惩治洗钱犯罪活动，维护国家市场经济秩序和金融安全，最高人民法院于 2021 年将制定《解释》纳入司法解释立项计划。起草制定《解释》历时两年多时间。最高人民法院牵头会同最高人民检察院，经深入调研论证和广泛征求意见，结合司法实践，制定了《解释》。其间，征求了全国法院、检察院系统以及国家监察委员会、公安部、中国人民银行等有关部门的意见，组织召开专家论证会听取意见建议，并征求全国人大常委会法制工作委员会的意见，数易其稿，不断修改完善。《解释》于 2023 年 3 月 20 日经最高人民法院审判委员会第 1880 次会议、2024 年 3 月 29 日经最高人民检察院第十四届检察委员会第二十八次会议审议通过，自 2024 年 8 月 20 日起施行。

在起草《解释》过程中，主要坚持以下原则：一是坚持罪刑法定原则，严格在刑法规定的范围内进行解释，确保司法解释符合立法原意；二是坚持宽严相济政策，充分体现从严惩处洗钱犯罪的立法精神，同时明确从宽处罚情形，确保刑罚效果；三是坚持以问题为导向，明确“自洗钱”犯罪的认定、“他洗钱”主观认识的认定、洗钱罪与其他罪名竞合的处罚等相关法律适用问题。在总结实践经验的基础上，将原《2009 年解释》和《2020 年意见》中有关规定吸收到《解释》当中来。意见分歧较大的一些问题继续留待实践探索。

## 二、《解释》的主要内容

在《2009 年解释》的基础上，结合当前洗钱刑事案件的特点和司法实践反映的突出问题，依照刑法、刑事诉讼法的规定，《解释》就刑法第一百九十一条规定的洗钱罪的相关法律适用问题作出规定。《解释》共13个条文，大致可以归纳为如下10个方面的内容。

### （一）关于《解释》的适用范围

《2009年解释》从“大洗钱”的角度，规定了刑法第一百九十一条、第三百一十二条、第三百四十九条和第一百二十条之一相关法律适用问题。考虑《最高人民法院关于审理掩饰、隐瞒犯罪所得、犯罪所得收益刑事案件适用法律若干问题的解释》也正在修订，为了更好协调两个司法解释的关系和内容，《2009年解释》与刑法第一百九十一条、第三百一十二条相关的规定分别被吸收到两个司法解释中，《解释》只规定第一百九十一条洗钱罪的相关法律适用问题，不再涉及第三百一十二条的相关问题，也不再规定刑法第三百四十九条、第一百二十条之一的相关问题。《解释》由最高人民法院、最高人民检察院联合制定，以最高人民法院、最高人民检察院名义发布施行。由于《解释》只规定刑法第一百九十一条洗钱罪相关法律适用问题，故标题和导语中直接表述为“洗钱刑事案件”。

### （二）关于“自洗钱”的认定标准

原刑法第一百九十一条对洗钱罪作了明确规定，规定了“他洗钱”犯罪的认定标准。刑法修正案（十一）对洗钱罪刑法条文作了重大修改，删除了原洗钱罪条文中的“明知”和“协助”等术语，从而将“自洗钱”行为入罪。修订后的刑法第一百九十一条洗钱罪包括“自洗钱”和“他洗钱”，但未明确予以区分。为切实贯彻立法修订意图，准确认定“自洗钱”和“他洗钱”犯罪，突出打击“自洗钱”犯罪，更好落实刑法修改精神，故《解释》第一条、第二条分别规定了“自洗钱”和“他洗钱”犯罪的认定标准。

“自洗钱”是指上游犯罪行为人为自己（本人）洗钱，“他洗钱”

是指洗钱行为人（他人）为上游犯罪行为人洗钱。“自洗钱”和“他洗钱”的认定条件是不一样的，“自洗钱”行为人对自己实施的上游犯罪当然是明知的，不需要明确提出明知的要求；“他洗钱”要求洗钱行为人对上游犯罪行为人实施的上游犯罪是明知的。据此，《解释》第一条明确规定，为掩饰、隐瞒本人实施刑法第一百九十一条规定的上游犯罪的所得及其产生的收益的来源和性质，实施该条第一款规定的洗钱行为的，依照刑法第一百九十一条的规定定罪处罚。

“自洗钱”入罪后，有两个问题随之而来：一是关于“自洗钱”行为入罪的例外情形，二是上游犯罪与“自洗钱”犯罪的处罚问题。在制定《解释》过程中，曾就上述两个问题作出规定，但由于各方面意见分歧比较大，未能达成共识，最终没有在司法解释中作出规定，留待司法实践继续研究。对于“自洗钱”行为，什么情形构成犯罪，哪些情形依法数罪并罚，情况非常复杂，而且影响面大，不能一概而论，要具体情况具体分析，区分不同情形审慎确定。在司法实践中，要注意把握以下几个原则。

一是主客观相一致原则。认定“自洗钱”犯罪，行为人必须具有洗钱的故意和洗钱的行为，否则不能认定。对于上游犯罪的自然延伸行为，不属于单独的洗钱行为，不具有刑事可罚性，不能认定为洗钱罪。比如，实施上游犯罪后，自然持有犯罪所得，没有实施洗钱行为的，不能认定洗钱罪；“自窝藏”行为，也不构成洗钱罪。

二是禁止重复评价原则。对同一犯罪构成事实不能在同一层面作重复评价。对于属于上游犯罪行为的一部分或者与上游犯罪行为存在交叉的洗钱行为，不能作重复评价。比如，上游犯罪行为人提供资金账户接收上游犯罪所得的行为，属于上游犯罪行为的一部分，不能认定洗钱罪。又如，提供资金账户，实施走私犯罪，又用同一资金账户实施洗钱的，洗钱行为与上游犯罪行为存在交叉，在这种情况下，不宜对提供资金账户行为作重复评价，不能单独认定“自洗钱”犯罪并与上游犯罪实行数罪并罚。

三是罪责刑相适应原则。对“自洗钱”行为定罪处罚，不但要考虑“自洗钱”行为是否构成犯罪，也要考虑数罪并罚所判处的刑罚是否符合罪责刑相适应原则，还要考虑洗钱刑事案件对刑法体系、司法实践造成的影响和效果。对于一些没有争议的“自洗钱”行为，比如，上游犯罪行为人通过地下钱庄以跨境转移资产的方式洗钱的，应依法数罪并罚；对于一些争议比较大的，要慎重入刑。我们将进一步深入研究，总结经验，适时发布典型案例或者指导性案例，加强业务指导，统一裁判标准，确保刑法得到正确实施。

### （三）关于“他洗钱”的定罪处罚标准，以及“他洗钱”主观认识的认定标准

原刑法第一百九十一条规定了“他洗钱”犯罪的认定标准，明确规定“明知”是毒品犯罪等七类上游犯罪的所得及其产生的收益的来源和性质的，才构成洗钱罪。刑法修正案（十一）虽然删除了原刑法第一百九十一条中“明知”的要求，将“自洗钱”入罪，但并未改变“他洗钱”的犯罪构成，洗钱罪的主观构成要件仍是“明知”，与原刑法的规定保持一致。在“他洗钱”犯罪中，根据主客观相一致原则，认定为他人实施洗钱犯罪的，在主观上仍然要求“知道或者应当知道”是刑法第一百九十一条规定的上游犯罪的所得及其产生的收益。因此，从主观构成要件看，洗钱罪仍属于故意犯罪，而不是过失犯。同时考虑到，刑法修正案（十一）删除了“明知”的表述，为避免与之冲突，本条将“明知”界定为“知道或者应当知道”。据此，《解释》第二条明确规定，知道或者应当知道是他人实施刑法第一百九十一条规定的上游犯罪的所得及其产生的收益，为掩饰、隐瞒其来源和性质，实施该条第一款规定的洗钱行为的，依照刑法第一百九十一条的规定定罪处罚。

《2009年解释》第一条第一款采取概括加列举的方式规定了刑法第

一百九十一条、第三百一十二条中“明知”的认定问题，详细列举了可以认定“明知”的七类情形。经研究认为，由于《2009 年解释》包含刑法第一百九十一条和第三百一十二条，列举的情形只能得出实施了上游犯罪的结论，但并不能必然得出实施第一百九十一条七类上游犯罪的结论，应当结合主客观一致的方式来判断。长期以来，在司法实践中，关于“他洗钱”犯罪主观要件的审查认定和指控证明是办理洗钱犯罪案件的难点。在刑法修正案（十一）将“自洗钱”入罪后，对于如何认定“他洗钱”范畴中的“知道或者应当知道”，《解释》保留了《2009 年解释》中关于“明知”认定的部分规则，吸收了司法机关办理的一些典型案例中所运用的思路，在总体上沿用了“可反驳的事实推定”的模式，明确认定“知道或者应当知道”应当考虑的主客观因素，不再分列有关情形。《2009 年解释》第一条还规定了刑法第三百一十二条的“明知”的认定问题，考虑掩饰、隐瞒犯罪所得、犯罪所得收益的司法解释已对此予以明确，本《解释》不再规定。

《解释》第三条第一款规定：“认定‘知道或者应当知道’，应当根据行为人所接触、接收的信息，经手他人犯罪所得及其收益的情况，犯罪所得及其收益的种类、数额，犯罪所得及其收益的转移、转换方式，交易行为、资金账户等异常情况，结合行为人职业经历、与上游犯罪人员之间的关系以及其供述和辩解，同案人指证和证人证言等情况综合审查判断。有证据证明行为人确实不知道的除外。”实践中，认定“他洗钱”犯罪的“知道或者应当知道”，需要重点把握以下几点。

一是认定“知道或者应当知道”要以客观事实为依据，办案时应当调查核实行为人所接触、接收的信息，经手他人犯罪所得及其收益的情况，犯罪所得及其收益的种类、数额，犯罪所得及其收益的转移、转换方式，交易行为、资金账户等异常情况，作为认定“知道或者应当知道”的基础事实依据。

二是应当从多角度审查认定是否属于“知道或者应当知道”，全面审查行为人供述和辩解、同案人指认和证人证言等证据，并且结合行为人职业经历、与上游犯罪人员之间的关系等因素，形成关于认定其主观认知的内心确信。

三是“知道或者应当知道”是指对上游犯罪事实的概括认知，而非对具体犯罪事实或罪名的判断，将刑法第一百九十一条规定的某一上游犯罪的犯罪所得及其收益，认作该条规定的上游犯罪范围内的其他犯罪所得及其收益的，不影响“知道或者应当知道”的认定。

四是准确理解司法解释的“反证排除”规定，对于有证据证明行为人确实不知道系七类上游犯罪所得及其收益的来源和性质的，则应当否定先前的意见，依法认定不构成洗钱罪。

在证明要求上，行为人主观上不仅要认识到是犯罪所得及其收益，还要认识到是刑法第一百九十一条规定的上游犯罪所得及其产生的收益。行为人对上游犯罪的认识不仅包括确定性认识，还包括概括性认识，即认识到上游犯罪的类型，而不要求具体到某一特定上游犯罪，将某一上游犯罪的所得及其产生的收益认作该条规定的其他上游犯罪的所得及其产生的收益的，不影响主观认知的认定。

在具体认定“知道或者应当知道”时，还要注意洗钱罪不是“目的犯”。与刑法第三百一十二条相比较，刑法第一百九十一条对洗钱罪有“为掩饰、隐瞒七类上游犯罪的所得及其产生的收益的来源和性质”的规定。对“掩饰、隐瞒其来源和性质”应理解为对洗钱行为主观故意和客观行为的审查，应重点审查行为本身是否具有掩饰、隐瞒的特征。该目的是与洗钱的客观行为方式紧密相连、不可分割的，应属于客观构成要件要素，不可将该目的纳入“目的犯”的范畴，从而不必要地加重举证责任。

### （四）关于洗钱罪“情节严重”的认定标准

《2009 年解释》未规定“情节严重”的数额标准。调研时发现，由于“情节严重”数额标准和情形未明确，实践中一般只适用第一档量刑。为进一步加大惩处洗钱犯罪力度，《2020年意见》第十二条明确了“情节严重”的认定标准，但当时考虑业务指导文件无法规定认定“情节严重”的数额标准，故参照当时掩饰、隐瞒犯罪所得、犯罪所得收益刑事司法解释规定的数额标准作了明确，与掩饰、隐瞒犯罪所得、犯罪所得收益罪“情节严重”的数额认定标准保持一致，规定洗钱数额10万元以上可以认定为“情节严重”。由于《2020年意见》于2020年11月6日印发，同时考虑刑法修正案（十一）即将对洗钱罪修订，所以《2020年意见》对此规定的是“可以”而非“必须”。由于洗钱罪的七类上游犯罪的犯罪所得数额一般比较大，以10万元作为认定“情节严重”的数额标准，导致司法实践中出现下游洗钱犯罪与上游犯罪量刑倒挂现象。考虑经济社会发展状况和惩治洗钱犯罪的需要，有必要在总结实践经验的基础上，通过司法解释明确“情节严重”的认定标准。结合司法实践和案例统计分析，考虑上游犯罪与洗钱罪之间量刑平衡等因素，《解释》规定了洗钱罪“情节严重”的认定标准。

《解释》第四条第一款规定：洗钱数额在500万元以上，且具有多次实施洗钱行为；拒不配合财物追缴，致使赃款赃物无法追缴；造成损失250万元以上或者造成其他严重后果情形之一的，应当认定为刑法第一百九十一条规定的“情节严重”。在起草《解释》过程中，曾规定“情节严重”的“数额”认定标准和“数额+情节”的认定标准。经最高人民法院审判委员会讨论决定，只规定“数额+情节”的认定标准，不再规定单纯的“数额”标准。主要考虑有以下三点。

第一，正确适用刑罚。洗钱“情节严重”的，社会危害性更大，依法应当在五年以上十年以下有期徒刑量刑。采用“数额+情节”的认定标准，更能体现洗钱行为的社会危害性，有利于实现罪责刑相适应。

第二，防止上下游犯罪量刑倒挂。洗钱案件的涉案金额普遍较高，如果采用单纯的“数额”认定标准，则较为容易达到“情节严重”，依法应当判处较重的刑罚，从而导致出现上下游犯罪量刑倒挂的问题。

第三，保持刑罚体系的稳定性。实践中，如果普遍适用“情节严重”进行处罚，则有较多的洗钱案件在五年以上十年以下判处刑罚，加之部分“自洗钱”案件依法与上游犯罪实行数罪并罚，从而判处更重的刑罚，可能会影响整个刑罚体系的稳定性和刑罚效果。在具体办理洗钱案件时，应严格按照“数额+情节”的标准认定“情节严重”，并依法判处刑罚。

1. 关于“情节严重”的数额

《解释》将“情节严重”的洗钱数额确定为500万元以上，主要基于以下三个方面的考虑。

第一，经济社会发展状况。自1997年刑法首次规定洗钱罪以来，我国经济社会已经发生巨大变化，尤其是近年来洗钱罪上游犯罪的涉案金额普遍较大，通过地下钱庄等机构专业洗钱，洗钱规模和金额都明显提高。鉴于此类犯罪属于经济犯罪，《解释》将洗钱数额确定在500万元以上，与经济社会发展状况保持一定的适应性。

第二，考虑洗钱罪案件数量分布和量刑情况。通过中国裁判文书网搜索自2019年1月1日至2021年5月5日洗钱罪上网判决书，共计146份有效文书，从不同洗钱数额案件数量和占比情况看，洗钱数额在500万元以上的有30件，约占20%，将500万元以上确定“情节严重”的数额是比较合适的。中国人民银行反洗钱局提供的2019年至2020年已判决刑期为五年以上的洗钱罪案件中，平均洗钱金额为3454.25万元，案件数量占洗钱罪全部数量的11%。

第三，考虑洗钱罪与上游犯罪量刑平衡因素。由于洗钱罪的上游犯罪为七类严重的上游犯罪，涉案金额普遍较大，将500万元以上确定为“情节严重”数额，有利于与上游犯罪量刑平衡，防止量刑出现倒挂问题。

2. 关于“情节严重”的具体情形

《解释》第四条第一款规定了多次实施洗钱行为；拒不配合财物追缴，致使赃款赃物无法追缴；造成损失250万元以上以及造成其他严重后果等四种情形。认定“情节严重”必须符合“数额+情节”的标准，即洗钱数额在500万元以上，且具有四种情形之一。洗钱数额未达到500万元以上的，不能认定为“情节严重”。

需要注意的是：(1) 多次实施洗钱行为的情形。实践中对“多次”的把握一般是二年内三次以上。认定一次洗钱行为必须包括独立的洗钱故意、独立的洗钱行为以及独立的洗钱结果。实践中，针对同一笔资金进行多次转账的洗钱行为，不宜认定为多次实施洗钱行为，在计算洗钱数额时不能重复计算。(2) 拒不配合财物追缴，致使赃款赃物无法追缴的情形。这种情形主要是指洗钱行为人拒不交代涉案财物去向，不配合调查取证，造成赃款赃物去向不明或者无法查清，致使赃款赃物无法追缴。(3) 造成损失250万元以上的情形。这里的“损失”是指因洗钱行为造成的无法追回的实际损失。第二种情形与第三种情形是并列关系，第二种情形没有损失数额的要求，只要是拒不配合财物追缴，致使赃款赃物无法追缴的，不受第三种情形规定的损失数额的限定，可适用第二种情形。(4) 造成其他严重后果的情形。主要是指洗钱数额特别巨大，严重影响国家金融安全稳定，造成恶劣社会影响等严重后果。另外，以往司法解释中还规定“曾因洗钱行为受过刑事追究的”情形，但因该项规定存在重复评价，故本《解释》不再予以规定。

此外，关于洗钱罪的入罪门槛的问题。刑法第一百九十一条未设定洗钱罪的入罪数额门槛，《解释》亦未规定洗钱罪的入罪数额标准，但这并不意味着只要实施了第一百九十一条规定的洗钱行为，就一律以洗钱罪定罪处罚。在金融行动特别工作组看来，设定打击洗钱犯罪活动的“金额门槛”是一条不能触碰的“红线”。最高人民法院修订掩饰、隐瞒犯罪所得、犯罪所得收益刑事司法解释删除其入罪数额标准也正是基于这种考虑。在司法认定时应贯彻罪刑法定、罪责刑相适应的原则，不能“唯数额论”。在办理洗钱犯罪案件时，应综合考虑上游犯罪的性质，掩饰、隐瞒犯罪所得及收益的来源和性质的情节、后果及社会危害程度等方面因素，依法认定。构成犯罪的，依法定罪处罚；行为人如实供述犯罪事实，认罪悔罪，并积极配合追缴犯罪所得及其产生的收益的，可以从轻处罚；犯罪情节轻微的，可以依法不起诉或者免予刑事处罚。

### （五）关于“以其他方法掩饰、隐瞒犯罪所得及其收益的来源和性质”的情形

《2009年解释》第二条列举了可以认定为刑法第一百九十一条第一款第五项规定的“以其他方法掩饰、隐瞒犯罪所得及其收益的来源和性质”的七种情形。在此基础上，根据刑法修正案（十一）的修订和打击洗钱犯罪的实际需要，《解释》作了进一步修改完善：第一，根据立法规定，删除各项中“协助”的表述；第二，在第一项中增加“拍卖、购买金融产品”的规定；第三，在第四项中增加“储值卡、黄金等贵金属”的规定；第四，考虑刑法修正案（十一）将刑法第一百九十一条第四项“协助将资金汇往境外的”修订为“跨境转移资产的”，已包含《2009年解释》第二条第六项“协助将犯罪所得及其收益携带、运输或者邮寄出入境的”内容，故删除该项规定；第五，司法实践中，通过比特币、火币等虚拟资产方式洗钱和利用微信、支付宝等第三方支付机构账户或直接搭建非法支付平台非法转移资金的案件持续高发。有关部门建议增加通过虚拟货币等虚拟资产、非法支付结算平台洗钱的方式，故在第六项增加通过“虚拟资产”、金融资产兑换方式进行洗钱行为方式的规定。“虚拟资产”涵盖虚拟货币在内的各类数字化、虚拟化资产形式。

当前，以虚拟币、游戏币为工具实施非法买卖外汇等违法犯罪活动

出现产业化苗头，逐渐与“地下钱庄”趋同，成为一种新型地下钱庄，导致巨额资本外流，社会危害性巨大。第四方支付平台没有支付许可牌照的限制，并能根据需求进行个性化定制，易被犯罪分子利用以逃避监管，造成资金“体外循环”，成为洗钱产业链的一个重要环节。上述行为应当在司法实践中重点打击。故《解释》第五条第六项明确规定，通过“虚拟资产”交易、金融资产兑换方式，转移、转换犯罪所得及其收益的，属于刑法第一百九十一条第一款第五项规定的“以其他方法掩饰、隐瞒犯罪所得及其收益的来源和性质”。

需要特别说明的是，《2009年解释》第二条规定了认定“以其他方法掩饰、隐瞒犯罪所得及其收益的来源和性质”的情形，未在列举情形之前阐述洗钱方法的实质。考虑原解释无法有效解决实践中对一些行为是否属于洗钱的争议，在本条列举方法前增加原则性规定，“为掩饰、隐瞒实施刑法第一百九十一条规定的上游犯罪的所得及其产生的收益的来源和性质”，从而明确洗钱行为的本质。每当出现一种新的金融产品和工具，在为我们带来社会生活的快捷方便之时，一定会被“嗅觉敏锐”的洗钱分子最先利用。《解释》中所列举的洗钱行为方式不可能完全概括反映实践中的各种洗钱行为，这就要求我们把握洗钱的实质。洗钱的本质在于为特定上游犯罪的犯罪所得披上合法外衣，消灭犯罪线索和证据，逃避法律追究和制裁，实现犯罪所得的安全循环使用。根据主客观相一致的原则，进一步强调洗钱的主观故意，从而避免实践中出现的客观归罪的问题，确保正确认定洗钱行为。

认定洗钱罪应当以上游犯罪事实成立为前提。《解释》所称“上游犯罪”，是指刑法第一百九十一条规定的毒品犯罪、黑社会性质的组织犯罪、恐怖活动犯罪、走私犯罪、贪污贿赂犯罪、破坏金融管理秩序犯罪、金融诈骗犯罪。实践中，对于上游犯罪尚未依法裁判，但查证属实的；上游犯罪事实可以确认，因行为人逃匿未到案的；上游犯罪事实可以确认，因行为人死亡等原因依法不予追究刑事责任的；上游犯罪事实可以确认，但同时构成其他犯罪而以其他罪名定罪处罚的，不影响刑法第一百九十一条规定的犯罪的认定。《解释》第七条在《2009年解释》的基础上作了进一步修改完善。

## （六）关于洗钱罪与掩饰、隐瞒犯罪所得、犯罪所得收益罪的竞合处罚原则

《2009年解释》第三条明确了刑法第三百一十二条与刑法第一百九十一条或者刑法第三百四十九条规定犯罪的竞合处罚原则，统一规定为“依照处罚较重的规定定罪处罚”。《解释》将洗钱罪与刑法第三百一十二条和洗钱罪与其他相关罪名竞合时的处罚原则作了区别规定。

关于洗钱罪与掩饰、隐瞒犯罪所得、犯罪所得收益罪竞合处罚问题。实践中有不同认识和做法，有意见认为应当择一重罪处罚，也有意见认为应当根据特别规定以洗钱罪定罪处罚。《2009年解释》规定“依照处罚较重的规定定罪处罚”没有原则性问题。司法实践中，洗钱罪与掩饰、隐瞒犯罪所得、犯罪所得收益罪竞合时，依照处罚较重的规定定罪处罚，一般也是依照洗钱罪定罪处罚。但《2009年解释》没有明确刑法第一百九十一条规定的洗钱罪与刑法第三百一十二条规定的掩饰、隐瞒犯罪所得、犯罪所得收益罪的关系，导致实践中也出现一些本应以洗钱罪定罪处罚，而以掩饰、隐瞒犯罪所得、犯罪所得收益罪定罪处罚的问题，不利于惩处洗钱犯罪。根据刑法规定和立法的理解与适用，刑法第一百九十一条规定的洗钱罪与刑法第三百一十二条规定的掩饰、隐瞒犯罪所得、犯罪所得收益罪属于广义上的洗钱犯罪，两个刑法条文是特别规定与一般规定的关系。掩饰、隐瞒犯罪所得、犯罪所得收益罪包含传统的窝藏犯罪和普通的洗钱犯罪，洗钱罪是针对七类严重的上游犯罪而为其洗钱的行为所作的特别规定。根据特别规定优先适用原则，同时符合刑法第一百九十一条和第三百一十二条规定的，应优先适用第一百九十一条特别规定，故《解释》规定：掩饰、隐瞒犯罪所得

及其产生的收益，构成刑法第一百九十一条规定的洗钱罪，同时又构成刑法第三百一十二条规定的掩饰、隐瞒犯罪所得、犯罪所得收益罪的，依照刑法第一百九十一条的规定定罪处罚。这有利于刑法第一百九十一条洗钱罪的正确适用，加大对洗钱犯罪的打击力度，切实维护国家金融安全和稳定。

需要注意的是，(1) 关于同时对两个罪名规定的上游犯罪的犯罪所得实施的一个洗钱行为的认定问题。洗钱行为人将银行一个账户内的赃款转移至其他账户或境外账户，但该账户内的赃款既有第一百九十一条上游犯罪的犯罪所得又有第三百一十二条上游犯罪的犯罪所得。行为人以一个主观故意实施一种犯罪行为，但触犯了两个罪名，属于竞合犯，应依照处罚较重的第一百九十一条洗钱罪的规定定罪处罚。(2) 关于分别对两个罪名规定的上游犯罪所得及其收益实施的两个洗钱行为的认定问题。行为人基于两个犯罪故意，实施的两个洗钱行为分别触犯了刑法第一百九十一条和第三百一十二条，按照罪数理论应予数罪并罚。

关于洗钱罪与其他常见的相关罪名竞合处罚问题。这在实践中没有太大争议。《解释》第六条第二款规定：洗钱罪与刑法第三百四十九条转移、隐瞒毒赃罪，刑法第二百二十五条非法经营罪，刑法第一百七十七条之一妨害信用卡管理罪和刑法第一百二十条之一帮助恐怖活动罪竞合时，依照处罚较重的规定定罪处罚。

### （七）关于“黑社会性质的组织犯罪的所得及其产生的收益”的认定

反有组织犯罪法第四十五条第一款规定：有组织犯罪组织及其成员违法所得的一切财物及其孳息、收益，违禁品和供犯罪所用的本人财物，应当依法予以追缴、没收或者责令退赔；第二款规定：依法应当追缴、没收的涉案财产无法找到、灭失或者与其他合法财产混合且不可分割的，可以追缴、没收其他等值财产或者混合财产中的等值部分；第三款规定：被告人实施黑社会性质组织犯罪的定罪量刑事实已经查清，有证据证明其在犯罪期间获得的财产高度可能属于黑社会性质组织犯罪的违法所得及其孳息、收益，被告人不能说明财产合法来源的，应当依法予以追缴、没收。《2020 年意见》第五条规定：刑法第一百九十一条规定的“黑社会性质的组织犯罪所得及其产生的收益”，是指黑社会性质组织及其成员实施的各种犯罪所得及其产生的收益，包括黑社会性质组织的形成、发展过程中，该组织及组织成员通过违法犯罪活动聚敛的全部财物、财产性权益及其孳息、收益。

自 2018 年开始的扫黑除恶专项斗争，目前已进入常态化工作阶段，扫黑除恶工作强调“打财断血”，黑恶势力通过洗钱行为将犯罪所得“洗白”，更应该重点打击，从而彻底摧毁黑恶势力“造血”功能。根据反有组织犯罪法相关规定，在《2020 年意见》规定的基础上，《解释》第八条进一步明确“黑社会性质的组织犯罪的所得及其产生的收益”的范围，规定：“黑社会性质的组织犯罪所得及其产生的收益”，是指黑社会性质组织及其成员实施相关犯罪的所得及其产生的收益，包括黑社会性质组织的形成、发展过程中，该组织及组织成员通过违法犯罪活动聚敛的全部财物、财产性权益及其孳息、收益。有利于深挖涉黑洗钱犯罪事实，从而切实推动扫黑除恶专项斗争向“打财断血”延伸。

### （八）关于罚金数额标准

原刑法第一百九十一条第一款采用百分比的方式规定了罚金限额，第一档、第二档罚金数额均为洗钱数额的 5%以上 20%以下。为加大对洗钱罪罚金刑力度，刑法修正案（十一）取消了洗钱罪按照百分比限额确定罚金数额的规定，改为无限额罚金。为统一、规范罚金适用，结合司法实践和《最高人民法院关于适用财产刑若干问题的规定》（法释〔2000〕45 号），《解释》规定了合理的罚金数额下限，将罚金刑的起刑标准应作适当提高，不再规定第一档刑的罚金数额上限，将第一档刑罚金下限提高到1万元，将第二档罚金刑下限调整为20万元。在判处罚金刑时，应根据犯罪情节决定罚金数额，切实贯彻从严惩处洗钱犯罪的立法精神，确保罪责刑相适应。

### （九）关于单位犯洗钱罪的定罪处罚标准

刑法第一百九十一条第二款规定了单位犯洗钱罪的定罪处罚标准，对单位犯洗钱罪，实行双罚制原则，既处罚单位又处罚有关的责任人员。《解释》参照相关司法解释的规定，吸收了《2020年意见》第十四条相关规定，明确单位犯罪的定罪处罚标准，单位实施洗钱犯罪行为的，与自然人犯罪的定罪量刑标准相同。据此，《解释》第十一条规定，单位实施洗钱犯罪的，依照本解释规定的相应自然人犯罪的定罪量刑标准，对单位判处罚金，并对其直接负责的主管人员和其他直接责任人员定罪处罚。

### （十）关于《解释》的效力

《解释》自2024年8月20日起施行。考虑到《2009年解释》规定的洗钱罪和掩饰、隐瞒犯罪所得、犯罪所得收益罪的相关内容已被吸收到《解释》以及正在修订的《最高人民法院关于审理掩饰、隐瞒犯罪所得、犯罪所得收益刑事案件适用法律若干问题的解释》中，《解释》施行后，《2009年解释》（法释〔2009〕15号）的相关内容同时废止。《2020年意见》的指导思想和相关内容与刑法修正案（十一）并不冲突，由于《解释》规定了"情节严重"的认定标准，故《2020年意见》中关于"情节严重"的数额标准不再适用。有关规定与《解释》规定不一致的，适用《解释》。

（来源：《人民司法》2025年第3期）

## 指导案例、典型案例与解读

最高人民检察院

# 关于印发《检察机关依法惩治拒不支付劳动报酬犯罪推动治理欠薪典型案例》的通知

（2025 年 1 月 17 日）

**各省、自治区、直辖市人民检察院，解放军军事检察院，新疆生产建设兵团人民检察院：**

为深入贯彻党中央、国务院关于治理欠薪工作的部署要求，切实开展好治理欠薪冬季行动，做好岁末年初农民工工资支付工作，全国检察机关充分发挥职能作用，加大对恶意欠薪的惩治力度，协同公安、法院高质效办理了一批拒不支付劳动报酬犯罪案件，助力打赢治理欠薪冬季行动攻坚战，依法保障劳动者合法权益。最高人民检察院选编了“余某斌拒不支付劳动报酬案”等 6 件典型案例，现印发你们，供参考借鉴。

## 案例一

# 余某斌拒不支付劳动报酬案

——欠薪后有能力支付而拒不支付劳动报酬的依法予以惩治

### 【基本案情】

被告人余某斌，男，无固定职业。

2016 年至 2021 年，被告人余某斌借用河南某建设集团有限公司经营资质，承包内蒙古自治区通辽市经济技术开发区某工地工程项目，与某房地产公司签订《施工合同》《劳动分包合同》，组织雇用多名工人施工建设。其间，余某斌的合伙人刘某海参与部分项目管理。项目完工后，某房地产公司按时结清了应付工资。余某斌将上述款项用于购车、购房和其他工地项目建设及个人消费，拖欠崔某洋等 180 名工人工资共计人民币 528 万余元，经工人多次讨要未予支付。2021 年 11 月 22 日，通辽市人力资源和社会保障局向余某斌、刘某海下达《劳动保障监察责令改正决定书》。余某斌签收后在指定期限内仍拒不支付劳动报酬。

2022 年 2 月 15 日，内蒙古自治区通辽市公安局经济技术开发区公安分局以涉嫌拒不支付劳动报酬罪对余某斌、刘某海立案侦查，并于同年 10 月 31 日移送通辽市科尔沁区检察院审查起诉。2023 年 7 月 12 日，通辽市科尔沁区检察院以涉嫌拒不支付劳动报酬罪对余某斌提起公诉，并依法对刘某海作出不起诉决定。2023 年 10 月 23 日，通辽市科尔沁区人民法院以拒不支付劳动报酬罪判处余某斌有期徒刑二年六个月，并处罚金人民币十万元。被告人余某斌不服提出上诉，2024 年 1 月 29 日，通辽市中级人民法院裁定驳回上诉，维持原判。

### 【检察机关履职情况】

（一）开展自行侦查，准确认定欠薪主体。公安机关以余某斌、刘某海涉嫌拒不支付劳动报酬罪移送起诉。检察机关审查起诉期间，余某斌辩称某房地产公司未拨付工人工资款项，工程后期施工日结单均由合伙人刘某海签字，相关欠款应由刘某海负责。针对上述辩解，检察机关积极开展自行侦查，调取房地产公司的有关资料和余某斌、刘某海名下银行流水及工资结算明细，并同180名农民工所在班组进行核对，由会计师事务所进行会计鉴定，查明刘某海代为管理部分项目工程期间，大部分工资由某房地产公司直接支付给工人，457万余元汇款、转账至刘某海银行及微信账户后，刘某海用于支付工人工资、工程费用等。截至2022年1月，房地产公司已拨付工程款金额1.58亿余元，其中，余某斌签收1.24亿余元，足以支付涉案工人工资。检察机关依法认定余某斌应当承担本案欠薪责任，依法对刘某海作出不起诉决定。

（二）构建证据体系，准确查明欠薪事实。审查起诉阶段，检察机关审查发现，崔某洋等180名农民工未留有工资条、签订劳务合同等能够证实劳动关系和欠薪数额的证据，遂依法开展调查核实。经对180名农民工所划分的班组代表进行询问，了解每名农民工入职渠道、结算单等信息后，确认涉案农民工与余某斌存在劳动雇用关系。综合在案证据，检察机关认定余某斌在获得房地产公司支付的包含工人工资的工程款后，将该款项用于购车、购房和其他工地项目建设及个人消费，金额高达2000万余元，有支付能力却未向涉案农民工发放工资，以拒不支付劳动报酬罪依法对余某斌提起公诉。

（三）多渠道联动，帮助农民工追回欠薪。检察机关多次向余某斌释法说理，由余某斌家属代为支付工人工资48.9万元，并会同公安机关、人社局劳动保障监察大队等单位召开联席会议，研究解决欠薪方案。经协商，由某房地产公司先行垫付工人工资163万余元。检察机关审查还发现涉案工程留存足额房屋质量保证金，且即将到达工程质保期，经与劳动监察部门、某房地产公司积极沟通，在扣除后续维修费用的基础上，剩余款项192万元先行支付农民工工资。同时，针对归属于余某斌的其他工程项目已竣工房产，多部门协同进行司法拍卖，所得款项用于发放拖欠的工资，尽力帮助农民工追回拖欠的工资。

（四）制发检察建议，促进欠薪治理。针对案件办理中发现的农民工工资专用账户未正确使用的问题，检察机关建议劳动监察部门依法开展建筑领域农民工工资保证金专项执法监督，监督辖区内所有在建工程建设项目施工总承包单位均开通农民工工资专用账户，且专用账户保证金全部足额缴纳到位；向住建部门制发社会治理类检察建议，督促完善施工企业缴纳农民工工资保证金配套机制。

**【典型意义】**

劳动者有依法按时足额获得劳动报酬的权利，任何单位和个人不得拖欠劳动者薪酬。实践中，建筑工程领域工程总承包企业将包含劳动者劳动报酬的工程款支付给包工头个人后，包工头未予发放并挪作他用的情况较为常见。如果挪用款项数额较大，有能力支付而拒不支付，且经政府有关部门责令支付拖欠工资仍不支付的，应当认定为拒不支付劳动报酬犯罪。鉴于农民工往往欠缺法律意识、维权能力不足，检察机关办理拒不支付劳动报酬案件，应当围绕案件核心事实加大调查核实力度，必要时依法开展自行侦查，查实劳动雇用关系、工程款支付及用途等，锁定欠薪事实。在依法指控犯罪的基础上，还要多渠道推动追缴欠薪。行为人的亲属自愿筹措资金为其支付或工程总承包企业愿意垫付的应予支持，同时要关注行为人除被挪作他用的工资外是否还有其他相关财产用于支付农民工工资。针对办案中发现的农民工工资专用账户使用不规范等普遍性问题，可以通过检察建议推动欠薪治理，化解社会矛盾。

## 案例二

# 冉某某拒不支付劳动报酬案

——恶意欠薪且造成恶劣影响的，依法从严惩治

### 【基本案情】

被告人冉某某，男，A路桥劳务有限公司（以下简称A劳务公司）原法定代表人。

2020年，被告人冉某某以A劳务公司与Z工程建设有限责任公司（以下简称Z工程建设公司）签订合同，承接贵州某高速公路D大桥施工作业工程。冉某某找来费某某合作组织施工，冉某某负责机械设备、费某某负责招工及现场施工管理。2021年2月至12月，费某某先后组织冉某贵、陈某雄等60余名工人进行施工作业。其间，Z工程建设公司陆续支付给冉某某和费某某187万元，用于发放工人工资。对于尚未支付的工人工资，在当地政府协调下，冉某某、Z工程建设公司经理龙某向费某某书面承诺，将于2022年1月25日前付清。之后，Z工程建设公司陆续拨付工人工资给冉某某、费某某，其中70万元付至A劳务公司账户后，被冉某某转出归个人使用，并未按承诺支付工人工资。

其后，费某某等人向冉某某追讨工资，冉某某采取各种理由推诿，乃至隐匿、躲藏。费某某等人到贵州省榕江县劳动保障局监察大队举报，监察大队多次联系冉某某协商未果。2022年3月10日，榕江县劳动保障监察大队向冉某某下达《劳动保障监察责令改正决定书》，冉某某收到文书后在规定期限内仍未支付，引发费某某采取过激手段讨薪。

2022年4月6日，贵州省榕江县公安局对该案立案侦查。同年5月5日，冉某某被公安机关抓获。5月12日，冉某某家人委托县劳动保障监察大队将实际拖欠费某某等人的工资人民币65万元全部发放。2023

年 3 月 3 日，榕江县公安局以涉嫌拒不支付劳动报酬罪对冉某某移送审查起诉。同年 8 月 30 日，榕江县人民检察院以涉嫌拒不支付劳动报酬罪对冉某某提起公诉。同年 9 月 11 日，榕江县人民法院以拒不支付劳动报酬罪判处冉某某有期徒刑一年六个月，缓刑一年六个月，并处罚金人民币五千元。冉某某未上诉，判决生效。

**【检察机关履职情况】**

（一）监督端口前移，做实行刑衔接。检察机关依托与人力资源和社会保障局建立的帮助民工讨薪协作机制，发现冉某某欠薪数额较大、涉及人数多、被欠薪工人诉求强烈的线索，遂及时查阅该行政案件卷宗，详细了解冉某某承接工程及行政处理情况。为有效化解矛盾，2022 年 1 月，在检察机关的建议及参与下，县劳动保障监察大队组织业主方、冉某某、工人代表费某某等人磋商，业主方、冉某某作出在规定时间内先行结算余下工资，后续结算工程款的承诺。业主方陆续拨付了工资款，但在最后一笔工资款打到冉某某公司账户后，冉某某未按承诺支付工资并将款项转移，且拒不接听费某某及劳动保障监察部门电话，引发费某某极端讨薪事件。检察机关启动行刑衔接程序，建议劳动保障监察大队将冉某某涉嫌拒不支付劳动报酬的犯罪线索移送公安机关立案侦查，公安机关审查后依法立案侦查。

（二）引导侦查取证，夯实证据基础。案件侦查阶段，检察机关受邀提前介入，就证据收集等提出意见。围绕恶意欠薪的核心事实，建议侦查机关收集涉案工程承包及施工情况、工程款支付的相关书证、双方协商支付工人报酬的情况、支付流水、转移过程等证据。针对冉某某拒不接听电话，不配合调查、协商解决拖欠的劳动报酬的实际情况，建议公安机关对冉某某网上追逃。冉某某被刑事拘留后，家属代为将工资款全部退赔，并委托县劳动保障监察大队对拖欠的工人工资进行发放。

（三）查明欠薪事实，依法提起公诉。审查起诉阶段，检察机关经审查，认定冉某某在前期协商处理工人工资过程中作出承诺，但在工资款项打到其实际控制的公司账户后，拒不支付工人工资，并将资金转移，又采取拒不接听电话等方式隐匿，逃避支付劳动者报酬，致使拖欠工资达65万元，且经政府有关部门责令支付后仍不支付，依法构成拒不支付劳动报酬罪。虽冉某某家属于起诉前代为退赔了全部工资，但冉某某拖欠工资的行为引发了过激讨薪行为和恶劣社会影响，检察机关依法向榕江县人民法院提起公诉并提出确定刑量刑建议。法院采纳检察机关意见作出判决。办案过程中，检察机关还对费某某采取过激手段讨薪的行为进行了法治教育，引导其依法维权。

**【典型意义】**

工资是劳动者最基本的生活保障。根据刑法第二百七十六条之一的规定，以转移财产、逃匿等方式逃避支付劳动者报酬或者有能力支付而拒不支付劳动者的劳动报酬，数额较大，经政府有关部门责令支付仍不支付的，依法构成拒不支付劳动报酬犯罪。本案中，冉某某虽然在提起公诉前足额支付了劳动者的劳动报酬，但冉某某的欠薪行为致使劳动者在多次讨要无果后出现过激讨薪行为，造成较为恶劣的影响，应当依法提起公诉、从严惩处。实践中，相关责任人应当以此为鉴，依法及时支付欠薪，积极化解矛盾，有力维护农民工合法权益、维护社会和谐稳定。同时，检察机关还要加大依法维权宣传力度，对采取过激手段讨薪的行为进行法治教育，引导其依法维权。

## 案例三

# M 农产品有限公司、丁某某拒不支付劳动报酬案

——依法追诉单位犯罪，从严惩治恶意欠薪犯罪

### 【基本案情】

被告人丁某某，男，上海 M 农产品有限公司实际控制人。

2022 年 2 月，丁某某以他人名义注册成立上海 M 农产品有限公司（以下简称 M 公司），组织工人从事蔬菜分包。至 2023 年 3 月该公司因经营不善，拖欠何某某等 39 名农民工劳动报酬合计人民币 31 万余元，2023 年 5 月丁某某离沪逃匿。2023 年 6 月，上海市青浦区人力资源和社会保障局（以下简称区人社局）接农民工投诉后多次以电话、短信等方式通知丁某某配合调查，丁某某均未回应。2023 年 6 月 21 日，区人社局下达《责令改正通知书》并在该公司原经营场所张贴，后邮寄至丁某某户籍所在地，责令该公司及丁某某于指定期限内支付其拖欠的劳动报酬，该公司及丁某某在指定的期限内未支付。

2023 年 8 月 18 日，上海市公安局青浦分局对该案立案侦查，同年 10 月 22 日丁某某被抓获归案。2023 年 11 月 21 日，上海市公安局青浦分局以涉嫌拒不支付劳动报酬罪对丁某某移送审查起诉。2024 年 1 月 29 日，上海市青浦区检察院追加 M 公司为被告单位，依法对该案提起公诉。同年 2 月 26 日，青浦区法院以拒不支付劳动报酬罪判处 M 公司罚金人民币五万元，判处丁某某有期徒刑一年二个月，并处罚金人民币五万元。M 公司、丁某某均未上诉，判决生效。

### 【检察机关履职情况】

（一）追加认定单位犯罪，从严惩治犯罪。审查逮捕阶段，考虑丁

某某作为 M 公司实际控制人，欠薪逃匿情节恶劣且到案后仍拒绝支付欠薪，检察机关依法对丁某某作出批准逮捕决定。审查起诉阶段，检察机关经审查，认为 M 公司作为用工主体，具有法人资格及独立财产，当前仍在存续，应当承担刑事责任，依法追加 M 公司为被告单位。鉴于 M 公司及丁某某在提起公诉时仍不履行支付义务，检察机关依法对 M 公司及丁某某提起公诉，并提出确定刑量刑建议，建议判处 M 公司罚金人民币五万元，判处丁某某有期徒刑一年二个月，并处罚金人民币五万元。法院采纳检察机关量刑建议作出判决。

（二）推动欠薪垫付，有力保护民生。临近春节，欠薪严重影响涉案农民工过节、返乡等正常生活，农民工追讨欠薪的诉求强烈。为最大程度解决农民工实际困难，有效维护社会安定，检察机关主动作为，协调政府相关部门筹集款项，启动欠薪垫付程序，最终于 2024 年除夕前一天完成了 17.8 万余元的垫付资金发放，39 名农民工得以解燃眉之急，安心返乡过年。

（三）注重协同履职，开展长效治理。为通过个案解决类案问题，固定案件协同履职的有益做法和有效探索，检察机关与人社局会签了《关于进一步加强拒不支付劳动报酬案件协作配合的实施办法（试行）》，细化明确双方在线索移送、调查取证、欠薪垫付等方面的配合要求和工作职责，为长效治理欠薪提供制度保障。

**【典型意义】**

拒不支付劳动报酬犯罪入罪的前提不仅要求犯罪嫌疑人采取转移财产、逃匿等方式逃避支付或者有能力支付而拒不支付，还必须满足“经政府有关部门责令支付仍不支付”的前置要件。检察机关办理拒不支付劳动报酬类犯罪案件，要围绕犯罪构成要件进行全面审查，对属于单位犯罪的，应当及时补充证据，依法追诉犯罪单位，最大程度挽回劳动者损失。还要注重协同履职，加强行刑衔接和协作配合，助力长效治理欠薪。

## 案例四

# 刘某某涉嫌拒不支付劳动报酬不起诉案

——起诉前全额支付劳动报酬，有法定减轻、从轻处罚情节的，依法从宽处理

### 【基本案情】

被不起诉人刘某某，男，河南省林州市某建筑劳务有限公司实际控制人。

2021 年 9 月，实控人为刘某某的林州某建筑劳务有限公司（以下简称建筑劳务公司）从河南某园林工程有限公司（以下简称园林公司）承包某河流下游修复项目，该项目中部分修复工程劳务分包给杜某某带领的施工队，双方约定施工完毕后一次性付给杜某某等人劳务费。2022 年 7 月施工结束后，建筑劳务公司未能给付杜某某等工人工资，杜某某和其他农民工向相关部门反映被欠薪情况。后园林公司履行书面承诺并于 2023 年 1 月 13 日给付建筑劳务公司 215 万元工程款，专项解决农民工工资问题。刘某某作为建筑劳务公司实际控制人，明知该 215 万元是专项用于解决农民工工资的资金，私自决定并于收款当日将 215 万元中的 15 万元转账给公司员工董某、将 215 万元中的 200 万元转账给某商贸有限公司偿还借款，导致农民工工资无法支付。

2023 年 5 月 15 日，河南省林州市人力资源和社会保障局下达《劳动保障监察限期整改指令书》，责令刘某某、建筑劳务公司于指定期限内支付农民工报酬。至 2023 年 5 月 28 日，建筑劳务公司和刘某某逾期未支付，林州市人力资源和社会保障局将该案移交林州市公安局。同年 6 月 2 日，林州市公安局对该案立案侦查。10 月 31 日，刘某某主动到

案。2024年4月12日，林州市公安局以涉嫌拒不支付劳动报酬罪对刘某某移送审查起诉。同年9月15日，林州市检察院依法对刘某某作出不起诉决定。

**【检察机关履职情况】**

（一）提前介入侦查，准确认定恶意欠薪事实。应公安机关邀请，检察机关指派检察官提前介入侦查，提出侦查取证意见：一是建议调取该项目劳务分包协议、施工日志、工资统计和支付情况等资料，以确定刘某某作为工程分包商符合拒不支付劳动报酬罪的主体资格。二是针对多数被害人外出打工的情况，建议调取农民工花名册、工资表等证据，以查明本案被害人确切人数、被拖欠工资数，确保被欠薪的劳动者不遗漏。三是收集215万元工资款转移路径及用途的有关证据，以查明刘某某明知该215万元是专项用于解决农民工工资的资金并予以转移的事实，准确认定刘某某拒不支付劳动报酬的犯罪事实。

（二）推动支付欠薪，实质化解矛盾。为依法妥善办理该案，检察机关第一时间听取被害人意见，告知办案进展，做好被害人情绪安抚工作，引导被害人理性维权。审查逮捕阶段，检察机关积极组织调解，多渠道与刘某某及其家属、农民工代表沟通，充分释法说理，促使刘某某家属筹款全额支付70名农民工劳动报酬215万元，刘某某自愿认罪认罚、获得被害人谅解。2023年11月9日，检察机关依法对刘某某作出不批准逮捕决定。

（三）组织公开听证，依法作出不起诉决定。审查起诉阶段，检察机关经审查，认为刘某某主动到案、认罪认罚，全额支付劳动者劳动报酬并取得被害人谅解，犯罪情节轻微，依法不需要判处刑罚，拟依法对其不起诉。检察机关组织人民监督员、听证员对本案进行公开听证，听证员一致同意检察机关处理决定。不起诉决定作出后，检察机关对刘某某进行公开训诫和法治教育，督促其改过自新、遵纪守法。

（四）制发检察建议，推动根治欠薪。针对办案中发现的管理漏洞问题，检察机关提示建筑劳务公司规范整改，并加强对被欠薪农民工群体跟踪回访，多渠道、多角度宣讲《中华人民共和国劳动合同法》《保障农民工工资支付条例》等法律法规，推动保护农民工合法权益与促进企业守法经营有机结合；向人力资源和社会保障局制发检察建议，督促其完善“农民工工资专用账户”管理平台，落实农民工个人实名制管理和农民工工资保证金制度，提升建筑工程领域劳动保障监管能力和水平。

**【典型意义】**

欠薪数额较大、受害人数较多的拒不支付劳动报酬犯罪案件，涉及基础民生和社会稳定，需要依法妥善办理，避免产生更大的风险隐患。检察机关办理此类案件，应当坚持依法惩治与追回欠薪并重，通过提前介入、引导侦查，完善证据体系，注重全过程接收被害人提供的证据材料，准确认定案件事实；同时推动及时追赃挽损，多渠道沟通促使欠薪人及时支付劳动者报酬、取得被害人谅解，依法维护农民工的合法权益，把矛盾风险隐患化解在前端。全面准确贯彻宽严相济刑事政策，对认罪认罚且全额退赔劳动者劳动报酬并取得被害人谅解的，依法从宽处理，并积极组织公开听证，以公开促公正、赢公信，确保案件办理实现“三个效果”的有机统一。

## 案例五

# 刘某某、钟某某涉嫌拒不支付劳动报酬不起诉案

——对不起诉后需要行政处罚的，落实行刑反向衔接

## 【基本案情】

被不起诉人刘某某，男，江西某建设有限公司法定代表人、实际控制人。

被不起诉人钟某某，男，江西某建设有限公司股东，涉案工程项目负责人。

2023年2月初，江西某建设有限公司（以下简称建设公司）通过公开招标中标赣州市南康区某项目装修设计工程，并雇请工人进行了施工。其间，业主单位先后向建设公司支付了700万余元工程款。后因该建设公司与业主单位发生合同纠纷，建设公司于2023年8月中途撤场，拖欠工人工资共计人民币323万余元。2023年8月24日，赣州市南康区人力资源和社会保障局向建设公司下达《劳动保障监察限期改正指令书》，责令建设公司负责人刘某某、钟某某限期支付工人工资，但刘某某、钟某某一直未全部履行。截至案发，仍拖欠403名工人工资163万余元未支付。被欠薪工人多次到该区综治中心、信访局窗口反映该建设公司拖欠工资问题。

经检察机关建议，赣州市南康区人力资源和社会保障局于2024年1月25日将该案件线索移送公安机关。同年2月7日，南康区公安局以涉嫌拒不支付劳动报酬犯罪对刘某某、钟某某立案侦查，于3月21日将该案移送检察机关审查起诉。2024年5月31日，南康区检察院依法对刘某某、钟某某作出不起诉决定。

## 【检察机关履职情况】

（一）加强行刑衔接，建议移送犯罪线索。2024年初，赣州市南康区检察院派员在该区根治欠薪工作专班值守期间遇工人反映建设公司欠薪问题。检察机关快速反应，派员介入了解情况。通过查阅区人社局案卷、询问执法人员及涉案工人等方式，核查了解本案被拖欠工资的人员数量和金额，初步审查后认为该公司负责人刘某某、钟某某涉嫌拒不支付劳动报酬罪，遂建议人社部门将案件线索移送公安机关。公安机关依法立案侦查。

（二）强化引导侦查，查明案件事实。公安机关立案后，检察机关应邀提前介入，引导侦查机关调取收集证据。针对刘某某、钟某某称其未支付工人工资系因与业主单位发生合同纠纷被撤场所致的辩解，建议公安机关调取收集行政机关书面材料、相关工人的证言、工资单、公司银行流水等材料，查明涉案项目于2023年2月初开始施工，2023年8月底该建设公司与业主单位因工程进度产生合同纠纷导致中途撤场，其间业主单位已支付全部工程款的七成，但该建设公司以业主单位未全额支付工程款、项目未盈利为由，不愿支付工人工资，致使403名工人共计人民币163万余元工资未支付。

（三）充分释法说理，督促支付欠薪。办案中，检察机关向刘某某、钟某某阐明用人单位与业主单位之间的民事纠纷不能成为不支付农民工工资的理由，引导刘某某、钟某某通过民事诉讼程序妥善解决合同纠纷。同时向二人释明拒不支付劳动报酬的法律责任，督促刘某某、钟某某尽快筹措资金将拖欠的工资支付到位。经充分释法说理，刘某某、钟某某认识到自身行为的违法性，积极筹措163万余元付清拖欠的全部工人工资，获得工人谅解。

（四）做实不起诉反向行刑衔接，确保办案效果。鉴于案发后刘某某、钟某某认识到错误并结清拖欠的工资，具有自首、认罪认罚、取得被害人谅解等从轻、减轻情节，检察机关在认真听取涉案工人多方意见后，于2024年5月31日依法对刘某某、钟某某作出相对不起诉决定。同时开展行刑反向衔接，制发《检察意见书》建议区人社局对刘某某、钟某某二人拖欠劳动报酬的行为作出行政处罚。区人社局依法对刘某某、钟某某作出罚款人民币1.9万元的行政处罚。

**【典型意义】**

建设工程项目往往涉及劳动者众多，承包过程中容易发生工程量核算、合同履行、工程质量等多重纠纷。用人单位应当按照约定足额支付劳动者工资。用人单位与业主单位存在合同纠纷的，应当通过民事诉讼等合法方式处理，不能以此为由拖欠劳动者工资。行为人有能力支付而不支付劳动者的劳动报酬，数额较大，经政府有关部门责令支付仍不支付的，应当依法以拒不支付劳动报酬罪追究其刑事责任。检察机关办理拒不支付劳动报酬犯罪案件，应当全面准确落实宽严相济刑事政策，对真诚认罪悔罪、及时足额补救支付劳动报酬，取得被害方谅解的，依法从宽处理。同时应当注意不起诉不等于不处罚，在不起诉决定作出后，检察机关还要结合案件情况，依法落实行刑反向衔接，推动行政主管部门依法对被不起诉人开展行政处罚，实现“罚当其错”，教育、警示、引导公民遵纪守法、企业合规守法经营。

**案例六**

## A建设有限公司拒不支付劳动报酬立案监督案

——依法履行监督职能，合力推动欠薪治理

**【基本案情】**

2022年9月，广东A建设有限公司（以下简称A建设公司）承包岭南某实验室茂名分中心总部装修工程项目。2022 年 11 月至 2023 年 6 月，孙某某等 65 名农民工受雇于该建筑工地务工。工程完工后，A 建设公司有能力支付而拒不支付孙某某等 65 名农民工工资合计人民币 172 万余元。2024 年 1 月 23 日，孙某某等 65 名农民工多次索要未果后向茂名市人力资源和社会保障局申诉求助。

2024 年 4 月 29 日，茂名市人民检察院通过“两法衔接”平台收到茂名市人力资源和社会保障局移送的 A 建设公司拒不支付劳动报酬罪立案监督案件材料。该院审查后，于 2024 年 5 月 27 日依法提出监督意见。2024 年 6 月 4 日，A 建设公司相关责任人主动全额支付了孙某某等 65 名农民工工资 172 万余元。

**【检察机关履职情况】**

（一）线索发现。2024 年 3 月，茂名市人社局调查收集本案相关证据材料后将案件线索移送公安机关，公安机关以证据材料不充分为由未予接收案件材料。茂名市人社局认为其已在职权范围内调取了相关证据，遂建议茂名市人民检察院依法监督。

（二）调查核实。收到人社局监督建议后，检察机关依法受理并开展调查核实：一是听取人社局意见，核实 A 建设公司拒不支付劳动报酬的情况，核实人社局发出的《劳动保障监察询问通知书》《劳动保障监察限期改正指令书》是否实际送达该建设有限公司。二是调取人社局已实际联系到 A 建设公司法定代表人的通话记录以及邮寄送达回证等证据材料，证实该公司明知存在投诉情况并多次表示整改，但在人社局发送《劳动保障监察限期改正指令书》后逾期仍未改正。三是与公安机关充分沟通，了解其未予接收人社局移送的案件材料，系因双方对涉嫌犯罪案件证据移送标准存在争议。

（三）监督立案。2024 年 5 月 27 日，检察机关依法向公安机关提出监督意见，督促公安机关依法审查受理。公安机关接收人社局移送的案件材料，并及时转办案部门办理。

（四）监督结果。2024 年 6 月 4 日，A 建设公司相关责任人在认识到其欠薪行为可能导致的法律后果后，主动全额支付了孙某某等 65 名农民工工资 172 万余元，并提供了相关证明和支付凭证。因行为人在刑事立案前及时支付了劳动者的劳动报酬，2024 年 6 月 5 日，公安机关依法作出不予立案决定，并将处理结果反馈检察机关。

（五）建章立制。检察机关以市“两法衔接”办公室名义组织公安机关和人社局专题召开“两法衔接”工作协调会，就移送证据材料标准达成一致意见，联合发布《关于进一步做好涉嫌拒不支付劳动报酬犯罪案件查处行政执法与刑事司法衔接工作实施办法（试行）》，进一步规范拒不支付劳动报酬类案件线索移送程序。

**【典型意义】**

拒不支付劳动报酬犯罪线索移送及案件的查处办理，离不开行政执法和刑事司法的有效衔接配合。根据《最高人民法院、最高人民检察院、人力资源和社会保障部、公安部关于加强涉嫌拒不支付劳动报酬犯罪案件查处衔接工作的通知》，人社部门对于公安机关不接受移送的涉嫌犯罪案件或者已受理案件未依法及时作出立案或不立案决定的，可以建议人民检察院依法进行立案监督。检察机关在监督履职中，既要高度重视调查核实工作，依法运用询问、听取意见等手段，准确认定案件事实、提升监督质效；也要通过履行监督职责，发挥刑法的预防和教育惩治作用，教育、警示、督促欠薪行为人及时支付劳动报酬。对于在刑事立案前及时支付劳动者劳动报酬且符合一定条件的，依法可不予立案追诉。

# 依法惩治拒不支付劳动报酬犯罪<br>保障劳动者核心权益

## ——最高人民检察院普通犯罪检察厅负责人就发布依法惩治拒不支付劳动报酬犯罪推动治理欠薪典型案例答记者问

保障劳动者依法获得劳动报酬，关系基本民生福祉、社会和谐稳定。岁末年初，在劳动薪酬结算高峰期，党中央、国务院专题部署治理欠薪冬季行动，包括检察机关在内的各职责单位积极贯彻落实行动要求，做好恶意欠薪案件办理工作。为推动治理欠薪冬季行动不断走深走实、推动打赢治理欠薪冬季行动攻坚战，2025 年 1 月 17 日，最高人民检察院发布六起检察机关依法惩治拒不支付劳动报酬犯罪、推动治理欠薪典型案例。最高人民检察院检察委员会委员、普通犯罪检察厅厅长侯亚辉就发布的典型案例回答了记者提问。

**问：请介绍一下 2024 年以来检察机关依法惩治拒不支付劳动报酬犯罪的主要情况和做法。**

**答：**2024 年以来，全国各级检察机关坚持人民至上，充分发挥检察职能作用，持续开展依法惩治恶意欠薪犯罪、根治欠薪工作，依法维护劳动者合法权益。一是依法打击、从严惩处恶意欠薪犯罪，有效发挥刑罚的惩治和震慑作用。2024 年，全国检察机关对拒不支付劳动报酬犯罪依法批准逮捕 612 件 617 人，同比上升 17.2%、16.9%；依法受理审查起诉拒不支付劳动报酬犯罪 2892 件 3473 人，同比上升 4.3%、5.4%；依法提起公诉 1495 件 1866 人，同比上升 4.4%、7.3%。二是依法履行立案监督职能。检察机关主动加强与公安机关、人力资源和社会保障部门的信息共享，推动完善案件移送标准和程序，2024 年共监督公安机关立案拒不支付劳动报酬犯罪案件 103 件 110 人。三是全力做好追赃挽损工作，保障被拖欠农民工工资报酬优先、及时、足额支付。办案中，加强释法说理，积极引导犯罪嫌疑人认罪认罚，并协调各方，督促欠薪企业和个人支付报酬。2024 年，检察环节共追讨欠薪共计人民币 2.44 亿余元。四是全面准确落实宽严相济刑事政策，依法适用认罪认罚从宽、刑事和解等制度，对具有真诚认罪悔罪、足额支付欠薪获得谅解等情形的犯罪嫌疑人，依法从宽。2024 年对具有上述情形的案件依法作出不起诉决定 1326 件 1639 人。

**问：从检察机关办理的拒不支付劳动报酬犯罪案件来看，这类案件办理有什么显著特点？**

**答：**拒不支付劳动报酬犯罪虽然案件体量不大，但属于典型的小罪名、大民生，案件办理有以下特点：一是被害人人数众多、涉及人民群众切身权益。这类案件通常涉及大量劳动者，大多数案件都有数十名甚至数百名员工被拖欠工资。劳动者的主要收入来源就是劳动报酬，该犯罪侵犯的是劳动者最核心的权益，可能导致劳动者及其家庭基本生活受到直接、严重影响，尤其当劳动者的合法权益长期得不到保障时，容易引发过激维权事件，影响社会和谐稳定。案例二就体现了对于引发过激手段讨薪且造成恶劣影响的要依法从严惩治，同时也要注重加强对被欠薪者的普法教育，引导依法讨薪、依法维权。二是欠薪领域集中、数额较大。从近年办理的案件来看，建设工程领域欠薪行为高发、多发，是农民工欠薪的重灾区，不少案件欠薪金额高达几十万元甚至成百上千万元。实践中，该领域长期存在违法分包、层层转包、农民工工资专用账户设立使用不规范等权益保障不到位的问题，需要相关职能部门进一步解决。此外，欠薪讨薪的行业不仅主要集中在传统工程建设领域，在电商平台，物流等行业也时有发生。三是嫌疑人隐匿、转移财产较多，维权、取证难度大。犯罪嫌疑人常常采取逃匿、转移财产等手段逃避支付劳动报酬，常见的有逃跑、藏匿，销毁或篡改账目、职工名册、工资支付记录等与劳动报酬有关的材料，且在政府有关部门介入后仍不支付。实践中，相关部门如何查实、评估用人单位的支付能力存在难点，许多用人单位不配合劳动部门调查，有的涉案单位逃避监管未与劳动者签订劳动合同或与劳动者签订“阴阳合同”，有的编造虚假地址等，为相关部门准确认定是否存在“雇用关系”、认定欠薪数额、支付能力、送达责令支付文书等工作造成一定影响。

**问：我们注意到，拒不支付劳动报酬犯罪案件的查处办理离不开行政执法和刑事司法的有效衔接，请介绍一下检察机关在加强行刑衔接这方面开展了哪些工作。**

**答：**从刑法第二百七十六条之一拒不支付劳动报酬犯罪的构成要件看，其入罪有“政府相关部门责令支付仍不支付”的前置要件。因此，该类犯罪的线索移送及查处办理，离不开行政执法和刑事司法的有效衔接配合。从检察机关法律监督职能看，主要涉及正向衔接和反向衔接两方面内容。正向衔接主要体现为在案件前期查处办理过程中检察机关的立案监督工作，各地检察机关主要围绕欠薪犯罪线索摸排、建议移送、立案侦查等，主动加强与人社部门、公安机关的沟通协调，发挥专业优势，对于可能构成刑事犯罪的，建议人社部门及时将线索移交给公安机关，并督促公安机关依法立案侦查。同时，根据相关规定，人社部门对于公安机关不接受移送的涉嫌犯罪案件或者已受理案件未依法及时作出立案或不立案决定的，可以建议人民检察院依法进行立案监督。比如，案例六广东 A 建设有限公司拒不支付劳动报酬立案监督案就充分体现了这项职能。检察机关不仅促进统一了个案移送认识分歧，还进一步规范了该市拒不支付劳动报酬类案件线索移送程序。而行刑反向衔接工作主要针对检察机关决定不起诉的案件，经审查认为需要给予被不起诉人行政处罚的，要及时提出检察意见，移送有关行政主管机关。我们始终强调，不起诉不等于不处罚，案例五就体现了反向衔接机制的作用，检察机关在不起诉决定作出后推动行政主管部门依法对被不起诉人开展行政处罚，实现“罚当其错”，教育、警示、引导公民遵纪守法、企业合规守法经营。

**问：检察机关是如何依法履职，以办案为依托推动欠薪治理的？**

**答：**为强化对劳动者获取劳动报酬权的保护，刑法设置了拒不支付劳动报酬罪，体现了国家遏制恶意欠薪，维护社会稳定、保障民生民利的坚强决心。但想要从根本上减少欠薪问题的发生，单靠刑法打击惩治是不够的，更重要的是推动欠薪治理，建立健全预防和解决薪资拖欠的长效机制，形成劳动者权利保障合力。检察机关以办案为依托，在惩治犯罪、帮助农民工追讨欠薪的同时，积极推动欠薪治理工作，主要体现在以下几个方面：一是督促涉案用人单位规范整改。案例四中，针对办案中发现的建筑劳务公司对农民工工资款项管理漏洞问题，检察机关提示其规范整改，推动保护农民工合法权益与促进企业守法经营有机结合。二是推动建立治理欠薪长效机制。部分检察机关与当地公安、人社等部门会签关于依法惩治欠薪、加强协作配合的规范性文件，建立专门工作机制，为长效治理欠薪提供制度保障。案例三、案例六中，检察机关均积极推动会签加强拒不支付劳动报酬案件协作配合的实施办法，细化明确各方在线索移送、调查取证、欠薪垫付等方面的配合要求和工作职责。三是以检察建议积极推动社会综合治理。案例一、案例四中，检察机关针对个案中发现的农民工工资专用账户使用不规范等普遍问题依法开展监督，并向有关部门提出堵塞漏洞、建章立制的检察建议，推动欠薪治理。四是积极开展法治宣传。最高人民检察院积极行动，已连续六年发布打击拒不支付劳动报酬犯罪典型案例，通过以案释法提高企业法律意识，促进劳动者增强依法维权意识。

最高人民法院、人力资源社会保障部联合发布依法惩治恶意欠薪犯罪典型案例。

(来源：最高人民检察院网站)

# 依法惩治恶意欠薪犯罪典型案例

(2025 年 1 月 22 日最高人民法院、人力资源和社会保障部联合发布)

依法保障劳动者权益，事关高质量充分就业、事关公平正义、事关社会和谐。近年来，各级人力资源和社会保障部门、人民法院坚决贯彻习近平总书记重要指示批示精神，认真落实党中央、国务院部署要求，完善执法司法政策措施，持续加大治理力度，强化保障农民工工资支付工作合力，切实维护劳动者合法权益。2020 年至 2024 年五年间，全国法院共审结拒不支付劳动报酬刑事案件 6200 余件、生效判决人数 6200 余人。

随着各项政策举措的落实落地，大部分劳动者能够顺利拿到劳动报酬，治理欠薪工作取得明显成效。但是，个别用人单位和个人拖欠劳动报酬，甚至恶意欠薪、严重侵害劳动者合法权益的情况仍然存在，解决欠薪问题需要全社会共同努力、久久为功。党的二十届三中全会要求完善劳动者工资支付保障机制、加强劳动者权益保障。为深入贯彻党的二十届三中全会精神，进一步强化劳动者权益法治保障，指导各地执法司法机关做深做实治理欠薪相关工作，2025 年 1 月 22 日，最高人民法院、人力资源和社会保障部专门在临近春节之际，联合发布 5 件依法惩治恶意欠薪犯罪典型案例。本批案例编选着重考虑了以下几个方面。

一是强化治理合力，保证“三个效果”有机统一。建筑行业恶意欠薪案件多发，且往往涉及劳动者人数众多，拖欠劳动报酬数额较大，一直是治理欠薪的重点领域。办理此类拒不支付劳动报酬案件，需要切实强化人力资源和社会保障部门和司法机关工作合力，确保“三个效果”有机统一。案例一“任某拒不支付劳动报酬案”中，“以逃匿方法逃避支付劳动者的劳动报酬”的行为方式较为多见，人力资源和社会保障部门及时立案调查、收集固定相关证据材料，为后续司法认定打下良好基础；同时，人民法院切实履职尽责，充分发挥刑法威慑和教育功能，督促行为人积极履行支付义务，实现劳动者权益保障与当地社会稳定的“共赢”。

二是坚持宽严相济，最大限度维护劳动者权益。为促使欠薪者尽早支付拖欠的劳动报酬，最大限度维护劳动者合法权益，刑法第二百七十六条之一对拒不支付劳动报酬行为的减轻、免除处罚条件作了规定。依法准确把握拒不支付劳动报酬犯罪的从宽处罚条件，是全面落实宽严相济刑事政策和罪责刑相适应原则的内在要求，是实现良好办案效果的基本前提。案例二“某信息公司、冯某拒不支付劳动报酬案”中，人民法院依法严惩一审宣判前仍不履行支付义务的被告单位，对被告单位负责人判处实刑，彰显宽严相济“严”的一面，发挥刑事审判职能作用，有效惩治、震慑恶意欠薪者；案例四“翁某拒不支付劳动报酬案”中，对欠薪数额、人数相对较少，未造成严重后果，且在公诉前付清劳动报酬的行为人依法免予刑事处罚，体现了宽严相济“宽”的一面，引导行为人尽早履行支付义务、最大限度维护劳动者的合法权益。

三是推动实质解纷，以高质量审判服务高质量发展。强化劳动者权益保障，就是优化企业发展环境。人力资源和社会保障部门、司法机关畅通行刑衔接，完善工资支付保障机制，推动欠薪矛盾实质化解，对服务保障高质量发展具有重要意义。案例三“邓某拒不执行判决、裁定案”中，人民法院依法严惩执行领域恶意欠薪行为，做实追赃挽损工作，兑现劳动者胜诉权益；案例五“某旅游公司、王某拒不支付劳动报酬案”中，人民法院在审理期间积极协调被告单位足额支付所欠劳动报酬，并在维护劳动者合法权益的同时，通过对被告单位负责人适用缓刑，促进企业恢复经营、健康发展。

下一步，最高人民法院、人力资源和社会保障部将持续深入贯彻习近平总书记关于劳动者权益保障的重要指示批示精神，扎实落实党中央、国务院强化欠薪治理重大部署，完善行刑衔接，推动优化营商环境，加强对下指导，进一步强化欠薪治理合力，筑牢民生保障底线，维护社会大局稳定，切实服务高质量发展。

## 目　　录

## 案例一

# 任某拒不支付劳动报酬案

## ——依法惩治重点领域恶意欠薪犯罪

### 【基本案情】

2021 年 8 月，被告人任某挂靠新疆某建业公司承接某商用车市场玻璃幕墙及外墙装饰工程。施工过程中，发包方按照工程进度向任某拨付工程款 910 万余元。任某采用制作虚假农民工工资表的方式，将应当支付的工资用于支付工程款和个人开销。截至 2022 年 1 月，任某拖欠 13 名农民工工资共计 30 万余元，造成多名劳务人员聚集讨薪。

2022 年 1 月 14 日，新疆生产建设兵团十二师人力资源和社会保障局（以下简称十二师人社局）接到农民工赵某、班某等人投诉，立即收集证据材料，对各方当事人开展调查询问，并在核查后依法予以立案。同月 29 日，十二师人社局责令被告人任某足额支付工资，其拒接电话并藏匿，未在期限内支付。另查明，截至 2024 年 2 月 28 日，任某已向 13 名被害人支付全部拖欠工资，并取得谅解。

### 【裁判结果】

新疆生产建设兵团三坪垦区人民法院判决认为，被告人任某采用制作虚假农民工工资表的方式，将应当支付给农民工的工资挪作他用，并以逃匿方式逃避支付劳动者的劳动报酬，数额较大，经政府有关部门责令支付仍不支付，其行为已构成拒不支付劳动报酬罪。综合考虑被告人任某坦白、认罪认罚及足额支付劳动者劳动报酬等情节，判处其有期徒刑一年，缓刑二年，并处罚金人民币二万元。宣判后，没有上诉、抗诉，判决已发生法律效力。

## 【典型意义】

建筑行业属于传统的劳动密集型行业，对于稳定就业容量、增加就业岗位具有重要作用。但是受各种因素影响，建设工程领域恶意欠薪事件时有出现，损害劳动者合法权益，影响建筑行业的高质量发展，社会反映强烈。本案即是发生在建设工程施工领域的拒不支付劳动报酬案件。被告人制作虚假工资名册，挪用农民工工资，在人力资源和社会保障部门调查过程中拒接电话并藏匿，属于“以逃匿方法逃避支付劳动者的劳动报酬”，其行为造成多名劳动者聚集讨薪，影响社会和谐稳定。人力资源和社会保障部门及时调查取证，为后续侦查、起诉和审判奠定了良好基础；人民法院充分发挥刑法的震慑和教育功能，促使被告人足额支付所欠劳动报酬，有效救济被害人权利，及时化解矛盾风险，切实维护社会稳定，实现良好办案效果。

**案例二**

# 某信息公司、冯某拒不支付劳动报酬案

——依法惩治恶意欠薪单位犯罪

## 【基本案情】

被告人冯某系被告单位江苏省常州市某信息科技有限公司（以下简称某信息公司）实际经营人，全面负责该公司日常经营。经营期间，某信息公司累计拖欠赵某等 4 名员工劳动报酬 42 万余元，冯某于 2023 年 6 月停用原手机号码并逃匿。经上述员工投诉，常州经济开发区社会保障局于 2023 年 9 月 7 日在某信息公司经营场所张贴《劳动保障监察限期改正指令书》，并向冯某户籍地址邮寄，责令该公司限期足额支付所欠劳动报酬。某信息公司、冯某在指定期限内未予支付。冯某归案后，如实供述了上述犯罪事实。

**【裁判结果】**

江苏省常州经济开发区人民法院判决认为，被告单位某信息公司、被告人冯某以逃匿方法逃避支付劳动者的劳动报酬，数额较大，经政府有关部门责令支付仍不支付，其行为已构成拒不支付劳动报酬罪。综合考虑某信息公司、冯某犯罪事实、性质及坦白等情节，判处被告单位某信息公司罚金人民币六万元；被告人冯某有期徒刑一年，并处罚金人民币四万元；责令被告单位某信息公司支付所欠劳动报酬合计人民币四十二万余元。宣判后，没有上诉、抗诉，判决已发生法律效力。

**【典型意义】**

根据刑法第二百七十六条之一第二款的规定，单位可以成为拒不支付劳动报酬罪的主体。《最高人民法院关于审理拒不支付劳动报酬刑事案件适用法律若干问题的解释》（法释〔2013〕3号）第九条进一步明确："单位拒不支付劳动报酬，构成犯罪的，依照本解释规定的相应个人犯罪的定罪量刑标准，对直接负责的主管人员和其他直接责任人员定罪处罚，并对单位判处罚金。"

本案即是单位犯拒不支付劳动报酬罪的典型案例。被告单位拒不支付员工劳动报酬多达42万余元，且直至裁判生效仍未支付。人民法院在对被告单位判处罚金的同时，依法对直接负责的主管人员判处有期徒刑一年，并责令被告单位支付所欠劳动报酬，切实发挥司法职能作用，有力震慑拒不支付劳动报酬单位犯罪。

## 案例三

# 邓某拒不执行判决、裁定案

——从重处罚执行领域恶意欠薪犯罪

### 【基本案情】

深圳市某检测股份有限公司（以下简称某检测公司）系30余宗劳动争议案件和70余宗商事合同纠纷案件的被执行人，被告人邓某系该公司总经理和股东。在上述案件执行期间，邓某擅自决定使用他人银行账户收支某检测公司及其分公司、子公司、各控股公司款项；经审计，自2020年11月至2023年3月，邓某共以上述方式转移资金234万余元。其间，2021年1月13日，执行法院向某检测公司发出报告财产令，邓某未如实申报上述转移资金的情况。2024年4月17日，邓某归案，并于当月支付8万余元拖欠工资，获得3宗劳动争议案件申请执行人的谅解；同时，通过家属向执行法院汇入121万余元用于清偿在相关劳动争议案件中拖欠的劳动报酬。

### 【裁判结果】

广东省深圳市盐田区人民法院判决认为，被告人邓某作为被执行公司的总经理，为逃避执行义务，擅自决定转移公司财产，属于对人民法院判决有能力执行而拒不执行，且情节严重，其行为构成拒不执行判决、裁定罪。邓某拒不执行支付劳动报酬的判决、裁定，依法从重处罚。综合考虑家属代为清偿所欠劳动报酬等情节，判处被告人邓某有期徒刑七个月。宣判后，没有上诉、抗诉，判决已发生法律效力。

### 【典型意义】

劳动报酬是基本的民生保障费用，按时足额获得劳动报酬是劳动者最关心的权益。拒不执行支付劳动报酬的判决、裁定，既严重影响司法权威，又损害人民群众民生权益，依法严惩拒不执行支付劳动报酬判决犯罪、强化民生司法保障是人民法院践行以人民为中心发展思想的内在要求。

本案即是人民法院依法惩治拒不执行支付劳动报酬判决犯罪的案例。被告人作为被执行公司的总经理，为逃避公司执行义务，擅自转移公司财产，致使众多劳动者的胜诉权益无法及时兑现，人民法院依法从重处罚，并促使被告人家属代为清偿所欠工资，有效维护司法权威，有力捍卫劳动者民生权益，彰显依法严惩恶意欠薪犯罪的鲜明政策导向。

**案例四**

## 翁某拒不支付劳动报酬案

——依法适用从宽处罚规定

### 【基本案情】

被告人翁某在广东省海丰县经营某美食城，经营期间拖欠工人洪某等3人自2020年9月至2021年2月的工资共计3.3万元。后翁某出具欠条，但一直不予支付。2021年3月18日，翁某以50万元价格出售名下房产一套。同月23日，海丰县人力资源和社会保障局责令翁某限期支付上述工资，翁某在规定期限内仍未支付。同年12月26日，翁某主动向公安机关投案，如实供述自己的罪行，并付清所欠劳动报酬，取得被害人谅解。2022年1月25日，海丰县人民检察院以拒不支付劳动报酬罪对翁某提起公诉。

### 【裁判结果】

广东省海丰县人民法院判决认为，被告人翁某有能力支付而不支付劳动者的劳动报酬，数额较大，经政府有关部门责令支付仍不支付，其行为已构成拒不支付劳动报酬罪。综合考虑被告人翁某自首、认罪认罚，在提起公诉前付清所欠劳动报酬并取得被害人谅解的情况，认定其犯罪情节轻微，免予刑事处罚。宣判后，没有上诉、抗诉，判决已发生法律效力。

**【典型意义】**

为促使行为人尽早支付拖欠的劳动报酬，最大限度维护劳动者合法权益，刑法第二百七十六条之一第三款规定，拒不支付劳动者的劳动报酬，尚未造成严重后果，在提起公诉前支付劳动者的劳动报酬，并依法承担相应赔偿责任的，可以减轻或者免除处罚。《最高人民法院关于审理拒不支付劳动报酬刑事案件适用法律若干问题的解释》（法释〔2013〕3号）第六条第一款对在刑事立案前、提起公诉前、一审宣判前支付劳动者劳动报酬，并承担相应赔偿责任能够适用的从宽处罚规则作了进一步区分。实践中，应当注意严格依照刑法和司法解释的相关规定，依法准确把握拒不支付劳动报酬罪从宽处罚的条件，全面准确贯彻宽严相济刑事政策要求，切实做到该宽则宽，当严则严，宽严相济，罚当其罪。

本案即是依法对被告人从宽处罚的拒不支付劳动报酬案件。被告人欠薪的数额、人数超过拒不支付劳动报酬罪的入罪标准相对较少，其在检察机关提起公诉前足额支付所欠劳动报酬，并获得被害人谅解，结合其自首、认罪认罚等情节，人民法院依法认定其犯罪情节轻微，免予刑事处罚，符合宽严相济刑事政策要求，有力维护了劳动者合法权益。

案例五

## 某旅游公司、王某拒不支付劳动报酬案

——促进欠薪矛盾实质化解

**【基本案情】**

被告人王某系被告单位浙江省某旅游发展有限公司（以下简称某旅游公司）的法定代表人和实际负责人。经营期间，该公司拖欠赖某等9名劳动者劳动报酬共计41万余元。经劳动者投诉，浙江省绍兴市柯桥区人力资源和社会保障局（以下简称柯桥区人社局）通知某旅游公司于2022年11月25日派员到指定地点配合解决问题，该公司无正当理由未派员配合。同年12月7日，柯桥区人社局责令该公司限期支付所欠上述劳动报酬，该公司仍不支付；12月22日，该局将案件移送至当地公安机关。经公安机关电话通知，王某投案后如实供述主要犯罪事实，并缴纳5万元用于支付拖欠的劳动报酬。2024年4月9日，绍兴市柯桥区人民检察院以拒不支付劳动报酬罪对某旅游公司、王某提起公诉。案件审理期间，经人民法院协调，王某家属代为足额支付所欠劳动报酬。

**【裁判结果】**

浙江省绍兴市柯桥区人民法院判决认为，被告单位某旅游公司以逃匿方法逃避支付劳动者的劳动报酬，数额较大，经政府有关部门责令支付仍不支付，其行为已构成拒不支付劳动报酬罪；被告人王某系公司直接负责的主管人员，其行为亦构成拒不支付劳动报酬罪。综合考虑某旅游公司及王某自首、认罪认罚、一审宣判前已足额支付所欠劳动报酬等情节，判处被告单位某旅游公司罚金人民币四万元；被告人王某有期徒

刑十个月，缓刑一年四个月，并处罚金人民币二万元。宣判后，没有上诉、抗诉，判决已发生法律效力。

**【典型意义】**

劳动者权益保障与用人单位健康发展相辅相成，强化劳动者权益保障，就是优化企业发展环境。人力资源和社会保障部门、司法机关加强行刑衔接，完善工资支付保障机制，推动欠薪矛盾实质化解，对持续提升劳动者的获得感、幸福感、安全感，以及切实服务保障高质量发展具有重要意义。

本案即是实质化解欠薪矛盾的典型案例。被告单位实施拒不支付劳动报酬行为，人民法院切实履职尽责，在审理期间积极协调被告单位足额支付所欠劳动报酬，并依法对被告单位负责人适用缓刑，有效维护劳动者合法权益，同时促进企业恢复经营、优化发展环境。

# 依法惩处安全生产资格证书涉假犯罪典型案例

（2024年12月24日最高人民法院发布）

安全生产资格证书涉假问题给企业生产、公共安全埋下重大事故隐患，是安全生产的“隐形杀手”。2024年12月24日上午，最高人民法院发布5个依法惩处安全生产资格证书涉假犯罪典型案例，旨在有力震慑犯罪，警示教育社会公众，筑牢防范安全生产资格证书涉假问题防火墙。此次发布的案例具有以下特点。

一是体现依法严惩。人民法院审理安全生产资格证书涉假犯罪案件，始终坚持“严”字当头，切实维护安全生产秩序和人民群众生命财产安全。在严惩对象方面，对于伪造、变造、贩卖特种（设备）作业人员操作证的犯罪团伙主犯，严重危害人民群众生命财产安全的知假买假用假人员和单位，相关假冒政府网站、假验证 App、涉假证信息发布和营销平台的经营者，倒卖或帮助考生通过作弊获得安全生产资格证书的培训机构法定代表人、实际控制人或者负责人等，坚决依法从严惩处，该判处重刑的坚决依法判处。在从严情节认定方面，对于实施伪造、变造、买卖国家机关证件、印章犯罪规模大、持续时间长，伪造证件类型特殊、数量多、危害大的犯罪分子，依法认定为“情节严重”，以实现罪责刑相适应。在经济制裁方面，不仅依法追缴犯罪分子全部违法所得，更注重充分发挥财产刑作用，切实加大对犯罪分子的经济制裁力度，剥夺或者削弱其再犯罪的经济能力，以更好实现刑罚的威慑、教育和预防功能。

二是突出全链条打击。近年来，安全生产资格证书涉假犯罪呈现产业化、链条化趋势。人民法院在审理此类案件时，注重打源头与打市场并举，认真审查假冒证书来源和去向、非法获利资金流向、涉案人员关系网和所处层级等证据，查明“产供销”各环节犯罪，确保全链条打击安全生产资格证书制假、售假、买假、用假以及由此衍生出的假验证、假考核、假营销等犯罪。此次发布的孙某强、韩某平等伪造国家机关证件、印章案，就是一起通过设立虚假官方网站、网页，大肆伪造特种作业操作证的源头性犯罪；练某文买卖国家机关证件案，则是一起企业管理人员违法购买假特种作业操作证供员工使用的末端犯罪；刘某政等伪造、买卖国家机关证件案，涉及伪造、买卖特种作业操作证上下四个层级的犯罪，各被告人通过网络取得联系并最终形成完整犯罪链条，社会危害严重。人民法院通过查明各环节被告人的犯罪事实，依法定罪量刑，实现全链条打击。

三是促推网络空间治理。随着互联网技术的飞速发展，利用信息网络实施安全生产资格证书涉假犯罪的情况日益增多，此类犯罪因手段隐蔽性、欺骗性更强，目标对象不特定，社会危害更大。此次发布的典型案例，多存在利用信息网络实施相关犯罪的情节，犯罪分子有的通过设立虚假的官方网站生成假证或者进行虚假验证，有的利用信息网络引流接单，通过话术诱导、欺骗务工人员购买假证，有的通过信息网络为自己或者为他人购买假证违法上岗作业。遴选此类典型案例加以发布，旨在促进加强网络空间治理，铲除安全生产资格证书涉假犯罪利用信息网络滋生、蔓延的土壤。希望有关网络平台加强对信息发布的审核，及时清理下架涉安全生产资格证书违法信息；有关部门加强网站、App 备案管理，依法处置假冒政府网站、App，共同营造清朗网络环境。同时，希望通过以案释法，充分揭示网络销售、办理安全生产资格证书行为的欺骗性、违法性和危害性，不断提升社会公众识别防范假证的意识和能力，助力营造“源头不制、网上不卖、行业不买、工地不用”涉假证书的良好社会氛围。

下一步，人民法院将继续紧紧围绕党和国家工作大局，聚焦“公正与效率”审判工作主题，进一步加强安全生产资格证书涉假案件刑事审判工作，有效惩治安全生产资格证书涉假全链条犯罪，着力防范安全生产风险隐患，切实维护公共安全和人民群众生命财产权益，以高质量司法审判助推经济社会高质量发展。

## 目　录

案例三　王某刚、覃某全非法利用信息网络案
——依法惩处假冒国家机关网站、提供假证查验服务犯罪

案例四　李某祥等非法控制计算机信息系统、魏某程提供非法控制计算机信息系统程序案
——从源头遏制制发“假的真证”犯罪

案例五　练某文买卖国家机关证件案
——依法惩处企业管理人员通过网络为员工购买假证犯罪

**案例一**

## 孙某强、韩某平等伪造国家机关证件、印章案

——依法从严惩处伪造国家机关证件、印章情节严重犯罪

### 【基本案情】

被告人孙某强指使他人设立多个虚假的国家机关网站、网页，于2022年9月至2023年5月通过维护、运营上述网站、给下线人员派发授权点、提供登录账号等方式，伙同他人伪造建筑施工特种作业人员操作证、特种作业操作证、特种设备操作证等共计18700余个。被告人韩某平作为孙某强下线，使用从孙某强处获取的授权点，通过使用账号登录涉案网站的方式，伙同他人伪造上述电子证共计10200余个。为将伪造的电子证转化为实体证，韩某平还伪造国家机关印章57枚。

### 【裁判结果】

法院生效裁判认为，被告人孙某强、韩某平伙同他人伪造国家机关证件，韩某平还伪造国家机关印章，其行为侵犯了国家机关证件、印章的公共信用和管理秩序，孙某强等人均已构成伪造国家机关证件罪，韩

某平已构成伪造国家机关证件、印章罪。孙某强、韩某平等人犯罪情节严重，均应依法惩处。在涉案网站运营期间，孙某强向下一级涉案人员有偿提供登录账号、授权点，并按照上述涉案人员的要求为再下一级涉案人员提供登录账号，从而形成层级分明的犯罪链条，孙某强处于全案犯罪链条的顶端，在共同犯罪中起主要作用，应按照各级涉案人员通过该网站实施的全部犯罪处罚。韩某平在从孙某强处获取授权点后，不仅直接实施伪造国家机关证件的行为，还向下级涉案人员转售授权点，在共同犯罪中起主要作用，应按照其本人和下级涉案人员实施的全部犯罪处罚；且其为了实现将伪造的电子证照转化为实体证照的不法目的，还积极实施伪造国家机关印章行为。据此，以伪造国家机关证件罪，判处被告人孙某强有期徒刑九年，并处罚金人民币十万元；以伪造国家机关证件、印章罪，判处被告人韩某平有期徒刑八年六个月，并处罚金人民币九万元；责令孙某强、韩某平等人继续退缴违法所得。

**【典型意义】**

安全生产资格证书涉假问题是安全生产的“隐形杀手”，对企业正常生产经营和人民群众生命财产安全构成潜在威胁。本案中，被告人孙某强为实现非法目的，通过其他涉案人员设立了多个可实现伪造安全生产资格证书功能的假冒国家机关网站，并通过派发授权点、提供登录账号等方式，持续发展下线，犯罪网络不断扩展。涉案安全生产资格证书涵盖多个高风险作业领域，数量达上万个，获取相关证书的人员在未经培训、考试考核取得相应资格的情况下从事特种作业，给企业安全生产带来重大风险隐患，社会危害大。人民法院根据被告人实施伪造国家机关证件、印章行为的手段、规模、持续时间，伪造证件、印章的种类和数量以及对社会的危害程度，依法认定被告人孙某强、韩某平犯罪情节严重，接近法定最高刑适用刑罚，同时并处高额罚金、责令继续退缴违法所得，彰显了人民法院对此类犯罪依法从严惩处的鲜明态度，充分实现了刑罚的惩罚、威慑和教育功能。

**案例二**

## 刘某政等伪造、买卖国家机关证件案

——全链条惩治安全生产资格证书涉假犯罪

### 【基本案情】

被告人刘某政结伙伪造焊接与热切割作业、电工作业、高处作业等各类特种作业操作证，利用其就职公司的 PVC 证卡打印机伪造上述各类证件并邮寄给买家。2020 年 9 月至 2023 年 8 月，刘某政伪造、销售各类特种作业操作证共计 964 本，非法获利 124854 元。

被告人张某兵以牟利为目的，主动添加制售假证人员为微信好友，并通过微信朋友圈、网络论坛等途径对外宣传自己能够办理特种作业操作证，将从被告人刘某政等人处购买的伪造特种作业操作证贩卖给买证人员，并赚取差价。2017 年 8 月至 2023 年 9 月，张某兵买卖伪造的特种作业操作证共计 230 本，非法获利 41099 元。

被告人喻某平不具备电工作业资质，通过网络为自己购买 1 本伪造的电工作业操作证后，发现买卖特种作业操作证有利可图，遂主动添加被告人张某兵等制售假证人员为微信好友，并在工友微信群中发布办理特种作业操作证广告，以此招揽买证人员并赚取差价。2017 年 4 月至 2019 年 3 月，喻某平买卖伪造的特种作业操作证共计 93 本，非法获利 33620 元。

2017 年 10 月，被告人涂某华为从事水电作业，从被告人喻某平处购买 1 本伪造的电工作业操作证，后涂某华又帮助工友在喻某平处购买 3 本伪造的焊接与热切割作业操作证。2022 年 7 月，涂某华为承接某工程外墙修补作业，通过网络为其本人和工友各购买 1 本伪造的高处作业操作证，因施工方发现系假证，涂某华未能进行作业。涂某华购买伪造的特种作业操作证共计 6 本，未从中获利。

四被告人到案后均如实供述罪行，认罪认罚。被告人喻某平协助公安机关抓获被告人张某兵，有立功表现。被告人刘某政退赃 2 万元，喻某平退赃 33620 元。

**【裁判结果】**

法院生效判决认为，被告人刘某政的行为构成伪造、买卖国家机关证件罪，被告人张某兵、喻某平、涂某华的行为均构成买卖国家机关证件罪。刘某政伪造、买卖国家机关证件，情节严重，在共同犯罪中负责制作假证并邮寄给买家，起主要作用，系主犯。张某兵买卖国家机关证件，情节严重。四被告人具有坦白情节，且均自愿认罪认罚，喻某平具有立功表现，刘某政退缴部分违法所得，喻某平退缴全部违法所得，可依法从轻处罚。但综合喻某平犯罪的事实、性质、情节和对于社会的危害程度，对其不适用缓刑。据此，以伪造、买卖国家机关证件罪，判处被告人刘某政有期徒刑三年七个月，并处罚金人民币六万元；以买卖国家机关证件罪，分别判处被告人张某兵有期徒刑三年三个月，并处罚金人民币二万元，被告人喻某平有期徒刑一年一个月，并处罚金人民币一万五千元，被告人涂某华管制一年，并处罚金人民币一千元；对刘某政、喻某平已退缴违法所得依法予以没收，上缴国库，并继续追缴刘某政、张某兵违法所得。

**【典型意义】**

伪造、变造、买卖安全生产资格证书犯罪涉案人员多、犯罪链条长，不法分子多利用网络实施犯罪，具有一定的隐蔽性，增加了查处打击的难度。人民法院在审理此类案件时，注重根据涉案假证的来源和去向、非法获利资金流向等，查明全案制、售、购、用各环节犯罪事实，准确区分各被告人在犯罪链条中所处地位和罪责。本案中，被告人刘某政利用机器设备伪造各类特种作业操作证，并向买家发货，是全案假证的源头；被告人张某兵以牟利为目的，通过网络倒卖假证，是将制假源头与终端市场串联起来的关键环节，造成假证在一定范围内扩散；被告人喻某平在为自己购买假证后为牟利又在工友群中倒卖假证，直接面向对假证有需求的目标群体；被告人涂某华为承揽工程，通过网络为自己和工友购买假证，是假证的最终使用者。人民法院通过依法惩处上中下游多层级犯罪，有效惩治和震慑犯罪分子，为维护安全生产秩序和人民群众生命财产安全提供有力司法保障。

**案例三**

## 王某刚、覃某全非法利用信息网络案

——依法惩处假冒国家机关网站、提供假证查验服务犯罪

**【基本案情】**

2022年8月以来，被告人王某刚以牟利为目的，利用计算机信息技术，设立假冒的国家机关网站，通过为制售假证人员提供虚假验证查询信息，非法获利共计7500元。被告人覃某全为王某刚设立假冒网站提供帮助。2023年8月22日，王某刚被抓获。同月25日，覃某全主动投案。二被告人均如实供述罪行并退缴全部违法所得。

**【裁判结果】**

法院生效判决认为，被告人王某刚、覃某全假冒国家机关名义，设立用于实施违法犯罪活动的网站，情节严重，其行为均已构成非法利用

信息网络罪。在共同犯罪中，王某刚系主犯，覃某全系从犯，对覃某全可依法从轻处罚。王某刚到案后如实供述罪行，覃某全有自首情节，二被告人均自愿认罪认罚，已退缴违法所得，均可依法从轻处罚。据此，以非法利用信息网络罪，判处被告人王某刚有期徒刑十一个月，并处罚金人民币二万元，被告人覃某全有期徒刑七个月，缓刑一年六个月，并处罚金人民币一万元；对二被告人已退缴违法所得依法予以没收，上缴国库。

**【典型意义】**

近年来，利用信息网络实施伪造、变造、买卖安全生产资格证书犯罪的情况增多，与之紧密相关的信息网络犯罪也日益凸显。安全生产资格证书涉假犯罪能够持续，设立、运行和维护提供假证查验的假冒国家机关网站和假验证 App 是其中重要一环。本案中，二被告人为谋取非法利益，设立为制售假证人员提供虚假查验服务的假冒国家机关网站，属于设立用于实施违法犯罪活动的网站的行为，应当以非法利用信息网络罪追究刑事责任。国家应急管理部、住房和城乡建设部、市场监督管理总局和矿山安全监察局既是安全生产资格证书的发证机关，也是对特种作业人员、建筑施工特种作业人员、特种设备安全管理和作业人员的持证情况进行日常监管的机关。在此提醒广大群众"擦亮眼睛"，切实提高识别和防范意识，认清除上述国家机关网站、公众号、官方 App 等正规验证渠道外，任何未经登记备案的验证网站、公众号、App 均系非法渠道。人民法院通过依法审理此类案件，警示企业和从业人员"用工必查证、查证必验证、验证必官网"，切实维护安全生产秩序，保护人民群众生命财产安全。

## 案例四

# 李某祥等非法控制计算机信息系统、魏某程提供非法控制计算机信息系统程序案

——从源头遏制制发“假的真证”犯罪

### 【基本案情】

2022 年初，被告人李某祥以牟利为目的，雇请被告人魏某程开发针对特种设备作业人员考试的作弊程序。魏某程明知程序用途，仍于 2023 年 4 月完成程序开发并交付李某祥，收取 1.25 万元。

2022 年 7 月至 2023 年 6 月，被告人陶某铭等人明知被告人李某祥使用作弊程序，仍与李某祥共同出资相继成立多家教育咨询公司，开展特种设备作业人员招生考试工作。其中，一家公司于 2023 年 3 月被委托为特种设备作业人员考试机构，李某祥、陶某铭等人负责管理两个考点，李某祥借机将作弊程序安装到考点的理论考试电脑上。被告人陈某明知相关考点使用作弊程序，仍协助李某祥、陶某铭等人管理考点，并伙同李某祥安装作弊程序。为吸引考生到两个考点考试以获利，李某祥、陶某铭等人联系被告人卢某存等人作为中介，介绍外地考生到考点考试。卢某存明知该考点使用作弊程序，仍招揽学员共计 77 人，从中获利 1.92 万元。

2023 年 5 月至同年 7 月 6 日，两个考点共有 47 台电脑安装了作弊程序，安排共计 184 名考生通过特种设备作业人员考试，获利共计 12.5 万余元。案发后，被告人魏某程退赃 1.25 万元，被告人卢某存退赃 1.92 万元，被告人陶某铭亲属代为退赃 1.2 万余元。

### 【裁判结果】

法院生效判决认为，被告人李某祥、陶某铭、陈某、卢某存违反国

家规定，对计算机信息系统实施非法控制，或者明知是他人非法控制的计算机信息系统，而对该计算机信息系统的控制权加以利用，李某祥、陶某铭、陈某均属情节特别严重，卢某存属情节严重，其行为均已构成非法控制计算机信息系统罪。被告人魏某程明知他人实施非法控制计算机信息系统的违法犯罪行为而为其提供程序，情节严重，其行为已构成提供非法控制计算机信息系统程序罪。在共同犯罪中，李某祥、陶某铭、陈某均系主犯，应依法按照其所参与的全部犯罪处罚；卢某存系从犯，可依法从轻处罚。李某祥、卢某存、陈某、魏某程到案后均如实供述罪行，自愿认罪认罚，陶某铭到案后如实供述罪行，陶某铭、卢某存、魏某程积极退赃，均可依法从轻处罚。根据陶某铭、卢某存的犯罪情节和社会危害，不宜对其适用缓刑。据此，以非法控制计算机信息系统罪，分别判处被告人李某祥有期徒刑四年六个月，并处罚金人民币四万三千元，被告人陶某铭有期徒刑三年三个月，并处罚金人民币二万元，被告人陈某有期徒刑三年，并处罚金人民币一万二千元，被告人卢某存有期徒刑一年，并处罚金人民币一万元；以提供非法控制计算机信息系统程序罪，判处被告人魏某程拘役四个月，并处罚金人民币二万五千元；对陶某铭、卢某存、魏某程已退缴违法所得依法予以没收，上缴国库，继续追缴李某祥、陶某铭违法所得。

**【典型意义】**

安全生产资格证书涉假犯罪的对象既包括假证，也包括“假的真证”。相对而言，后者更难以被识别和发现。本案中，被告人李某祥等人作为安全生产资格证书培训机构法定代表人、实际控制人或者负责人，为牟取非法利益，雇请被告人魏某程研制开发作弊程序并安装使用，通过干扰计算机信息系统正常操作流程和运行方式、修改数据，实现对特种设备作业人员考试计算机信息系统的非法控制，从而参与考生作弊，让不具备通过考试考核能力的考生获取真实有效的特种设备作业证，欺骗性更强，社会危害性更大。人民法院充分运用刑罚手段，坚决依法惩处此类制发“假的真证”犯罪，对安全生产资格证书培训考试机构帮助考生作弊、弄虚作假犯罪依法定罪处罚，真正做到打源头、挖根源，坚决防范安全生产风险隐患。

**案例五**

## 练某文买卖国家机关证件案

### ——依法惩处企业管理人员通过网络为员工购买假证犯罪

**【基本案情】**

2021年3月，任职某畜牧设备有限公司管理人员的被告人练某文明知特种作业操作证需经培训并考试考核通过才能取得，仍通过网络为该公司员工购买16张伪造的特种作业操作证。2023年3月30日，某市应急管理局对该公司进行调查，当场发现该公司三名持假证人员正在从事特种作业，后查获13张伪造的特种作业操作证。案发后，练某文自动投案并如实供述罪行。

**【裁判结果】**

法院生效判决认为，被告人练某文买卖国家机关证件，其行为已构成买卖国家机关证件罪。练某文有自首情节，且自愿认罪认罚，可依法从轻处罚。鉴于练某文犯罪情节较轻，系初犯，没有再犯罪的危险，宣告缓刑对所居住社区没有重大不良影响，决定对其宣告缓刑。据此，以买卖国家机关证件罪，判处被告人练某文有期徒刑一年六个月，缓刑二年，并处罚金人民币二万元。

【典型意义】

安全生产是发展的基石，不但直接关系企业员工、人民群众的生命财产安全，还影响企业的经济效益和社会形象。特种作业环境复杂、风险高，作业人员必须经过培训并取得职业资格证书后方能上岗就业。《中华人民共和国安全生产法》对此有强制性规定，企业也应制定并严格执行相应安全生产规范。个别企业负责人或管理人员安全意识淡薄，在明知部分员工未取得特种作业操作证的情况下，基于节约成本等目的，为员工办理假证应付安全监督管理，给安全生产埋下重大隐患。人民法院通过依法惩处此类犯罪，督促企业进一步压实主体责任，细化规范措施，常态化建立特种作业人员台账目录，并在官方网站、公众号或 App 上查验相关证书真伪，确保员工持证上岗，让安全生产隐患“无处容身”。

## 司法实务问题研究

# 把握自首的两个维度

曾娇艳*

自首是司法实践中一个相对复杂的问题，对自首的把握应当区分认定与评价两个维度。对自首的认定，要侧重自首妥协与互利的功利本质，以最大限度地激励犯罪嫌疑人主动投案和如实供述的积极性；对自首从宽幅度的评价则应当侧重自首获得刑罚减让的正当性根据，通过综合考量自首的质量、罪行的轻重、自首后的悔罪表现等因素，正确选择从轻、减刑、免除处罚的量刑梯度，合理确定犯罪人的从宽幅度，以实现自首制度功利价值与正义追求的完美结合。

## 一、自首的本质是国家与犯罪人从对抗走向合作的一项协议

犯罪是危害社会的行为，国家为维护社会的正当利益必须与犯罪作斗争，斗争的结果便是国家花费大量的人力物力将犯罪人绳之以法，而犯罪人也将因此付出生命、自由或者财产损失的代价。在国家司法资源有限的情况下，如果犯罪人的数量持续增加或者侦破难度不断加大，国家就会不堪重负，而自首则是一种可以很好的减轻国家负担并鼓励犯罪

* 中国社会科学院法学博士，浙江省宁波市中级人民法院四级高级法官。

人悔过自新的好方法。从博弈论的角度而言，自首的本质是国家与犯罪人的妥协与合作，该协议的内容为："犯罪人主动投案并如实供述犯罪事实，为国家节约司法资源，国家则对自首的犯罪人从轻或者减轻处罚。"这项协议达成后，犯罪人获得一定程度的刑罚减让，而国家也实现了降低成本、节约司法资源的目的。国家与犯罪人之所以可以订立该协议，是因为国家与犯罪人之间这种不同利益需求的对抗并不是一种此消彼长的"零和博弈"。就犯罪人而言，趋利避害是人的本能，若能通过自首获得实在的好处，往往会考虑选择自首；就国家而言，对自首的犯罪人给予一定的从轻或减轻处罚，也符合坦白从宽、抗拒从严的刑事政策精神。此外，自首在一定程度上体现了犯罪人人身危险性的消减，对其给予一定程度的从轻处罚，亦符合罪责刑相适应的基本原则。

## 二、对自首成立与否的认定应当侧重自首妥协与互利的功利本质

虽然自首可以从轻或减轻处罚的正当性根据是犯罪人有悔过自新之意和节约司法资源，但在认定自首时更应侧重其节约司法资源的功利本质。正如张明楷教授所言，行为人自动投案后如实供述自己的罪行，即便无悔过自新之意，也因其行为使案件的侦查与审判变得更加容易而应当认定为自首。① 故犯罪人自首后在取保候审期间又实施新的犯罪行为，但主动交代的行为依然能认定为自首。因为在犯罪人与国家达成的自首合作协议中，犯罪人与国家博弈的条件是其主动归案并如实供述犯罪事实，国家据此实现了降低成本、节约侦查资源的目的，双方的合作协议已然达成。该项协议的内容并不包含犯罪人对自首后不再实施新的犯罪行为的承诺，犯罪人自首后又犯罪的行为并未违背其前次犯罪与国家达成的自首合作协议，依然可以认定为自首。至于其后续又实施新的

① 参见张明楷：《刑法学》，法律出版社 2007 年版，第 562 页。

犯罪行为，自会受到新的法律评价。反之，如果犯罪嫌疑人自动投案后又逃跑，则因其最终增加了国家实施抓捕的司法资源，违背了双方的合作协议，而不宜认定为自首。这是自首后逃跑与自首后又犯罪的区别，不应以犯罪嫌疑人自动投案后又犯罪的性质相比自首后逃跑更为恶劣，就简单地类推认定自首后又犯罪，则前罪一律不构成自首。主张被告人自首后又犯罪，违背了自首认罪、悔罪的立法本意而不应认定为自首的观点，其实是混淆了自首的宣誓意义与功利本质。就宣誓意义而言，自首是犯罪人认罪、悔罪的表现，是其人身危险性降低的表征，但主观的东西本身很难判断，自首不排除犯罪人是基于功利动机的可能，国家既不可能对犯罪人的自首动机进行强制性规定，亦不能强制犯罪人作出自首后不再实施新的犯罪行为的承诺。关于这一点，我们在认罪认罚从宽制度，减刑、假释制度中均能找到相同之处。认罪认罚从宽制度中对自愿认罪认罚的犯罪人予以从轻处罚，但并不对犯罪人自愿认罪认罚的动机作出强制性要求，故被告人一审认罪认罚后依然享有上诉权；减刑、假释的实质条件是罪犯“确有悔改表现”，根据《最高人民法院关于办理减刑、假释案件具体应用法律的规定》的规定，“确有悔改表现”的主观要件是罪犯认罪悔罪，在司法实践中一般根据罪犯在服刑期间的改造表现、是否积极履行财产性判项、是否积极撰写悔罪书去推断罪犯是否认罪、悔罪，至于罪犯是真心认罪、悔罪，还是基于功利目的的认罪、悔罪则难以把握，故在减刑、假释制度中，减刑、假释的适用更侧重于罪犯认真遵守监规、接受教育改造，为国家节约行刑成本、减轻监管压力的功利本质，这也是为何罪犯减刑出狱或者假释期满后又犯罪，服刑期间获得的减刑、假释亦不会予以撤销的制度逻辑。自首的认定亦是如此，在司法实践中，我们对自首的认定应当更侧重于自首“妥协与互利”的功利本质。

## 三、对自首从宽幅度的评价应当侧重其获得刑罚减让的正当性根据

自首从宽的正当性根据是犯罪人通过认罪、悔罪表征其人身危险性消减，从而导致刑罚惩罚的必要性减少。对自首的评价需要根据犯罪人人身危险性消减的大小来确定从宽的幅度。我国刑法第六十七条第一款规定："犯罪以后自动投案，如实供述自己罪行的，是自首。对于自首的犯罪分子，可以从轻或者减轻处罚。其中，犯罪较轻的，可以免除处罚。"可见犯罪人在被认定为自首后，可以获得的从宽幅度有从轻、减轻、免除处罚三个梯次。那么，何种情形的自首可以从轻处罚，何种情形的自首可以减轻或者免除处罚呢？《最高人民法院、最高人民检察院关于常见犯罪的量刑指导意见（试行）》规定：对于自首情节，综合考虑自首的动机、时间、方式、罪行轻重、如实供述罪行的程度以及悔罪表现等情况，可以减少基准刑的40%以下；犯罪较轻的，可以减少基准刑的40%以上或者依法免除处罚。恶意利用自首规避法律制裁等不足以从宽处罚的除外。根据上述规定，自首的从宽幅度需要考量以下三方面的要素：一是自首的质量；二是罪行的轻重；三是犯罪人的悔罪表现。

第一，关于自首的质量。自动投案和如实供述是自首成立的核心要件，就自动投案而言，典型的自动投案的自首质量要高于被视为自动投案的情形。在犯罪事实或者犯罪嫌疑人未被司法机关发觉，或者虽被发觉但尚未受到讯问、未被采取强制措施时，主动、直接向司法机关投案的，是典型的自动投案。经侦查机关电话通知到案，因形迹可疑被盘问或在接受一般性排查时主动交代犯罪事实的自首等均被视为自动投案的

情形。[①] 典型的自动投案体现了被告人认罪、悔罪的彻底性和坚决性，而视为自动投案的情形往往受制于一定的外在因素，二者表征犯罪人人身危险性消减的程度不同，前者的从宽幅度理应大于后者，后者的从宽幅度则不宜过大。另外，就如实供述而言，稳定、及时、全面的如实供述，其自首质量要高于不稳定、不及时、不全面的如实供述。就供述的稳定性而言，虽然《最高人民法院关于处理自首和立功具体应用法律若干问题的解释》中规定，犯罪嫌疑人自动投案并如实供述自己的罪行后又翻供，但在一审判决前又能如实供述的，应当认定为自首，但该种如实供述的稳定性差，反映出犯罪人悔罪的不彻底性，从宽幅度要予以从严把握。就供述的及时性而言，《最高人民法院关于处理自首和立功若干具体问题的意见》中规定，犯罪嫌疑人自动投案时虽然没有交代自己的主要犯罪事实，但在司法机关掌握其主要犯罪事实之前主动交代的，应认定为如实供述自己的罪行。此种情形的如实供述发生在司法机关掌握其主要犯罪事实之前，客观上也为司法机关节约了司法资源，故亦可视为如实供述，但其在供述的及时性方面不如一到案便如实供述的情形，故从宽的幅度要小于到案后便及时供述的自首。就供述的全面性而言，虽然《最高人民法院关于处理自首和立功若干具体问题的意见》中规定，投案后没有交代全部犯罪事实，但如实交代的犯罪情节重于未交代的犯罪情节，或者如实交代的犯罪数额多于未交代的犯罪数额，一般应认定为如实供述自己的主要犯罪事实，但该种供述的全面性相对欠缺，从宽的幅度亦应相对从严。一言以蔽之，自首的质量越高，越能体现犯罪人认罪、悔罪的彻底性，越能表征犯罪人人身危险性消减的力度，因而越能获得更大的从宽幅度。

---

① 《最高人民法院关于处理自首和立功具体应用法律若干问题的解释》规定了七种视为自动投案的情形；《最高人民法院关于处理自首和立功若干具体问题的意见》规定了五种视为自动投案的情形。

第二，关于罪行的轻重。罪行的轻重一定程度上能反映犯罪人人身危险性的大小，故是自首从宽应当考量的重要因素之一。而考量犯罪人罪行的轻重，一是要看犯罪的性质，二是要看犯罪人在案件中的地位、作用。对于罪行极其严重的犯罪分子，即便有自首情节，从宽幅度亦应从严把握，明显罪刑不相适应的，亦可不予从轻。对于犯罪情节较轻的犯罪分子，则可加大从宽幅度。例如，走私犯罪中犯罪情节较轻、犯罪地位、作用较小的船员、水手等，自首的从宽幅度可以掌握在40%以上。同时，还应当注意全案的量刑平衡，对于地位、作用基本相当的同案犯，不能因为其中一人有自首情节而将量刑差距拉得过大，更不能因起主要作用的犯罪人有自首情节而在量刑上轻于起次要作用的人。

第三，关于犯罪人的悔罪表现。悔罪是犯罪人人身危险性消减的重要表征，亦是犯罪人换取刑罚减让的正当性依据，其在减刑、假释、缓刑等各种刑罚减让、轻缓制度中均是适用的前提条件之一。在自首制度中，悔罪与否虽然不影响自首的成立，却是影响自首从宽的重要因素。对于以下行为仍认定为自首：主动投案后又逃匿，在侦查机关追捕过程中又主动投案的行为；如实供述后又翻供，但在一审判决前能如实供述的行为；自首后在取保候审期间又犯罪但主动交代的行为等。虽然这些行为仍认定为自首，但鉴于此类犯罪人悔改表现欠佳，量刑时均应从严把握自首的从轻幅度。对于自首后，有退赃退赔、取得被害人谅解等悔罪表现的犯罪人，则可适当从宽把握自首的从轻幅度。

## 新类型疑难案例选评

# 金某夫职务侵占案

温望望* 潘梦君** 陈杨杰***

**【裁判要旨】**

只要行为人利用职务上的便利非法占有本单位财物，无论采取侵吞、骗取、窃取或者其他手段，均不影响其构成职务侵占罪。窃取型职务侵占罪与盗窃罪在构成要件上不完全重合，仅在窃取行为上存在交叉，故属于交叉式法条竞合关系，处理时应遵循“特别法条优于一般法条”的原则。

**【案例索引】**

一审：浙江省瑞安市人民法院（2024）浙0381刑初1923号

二审：浙江省温州市中级人民法院（2024）浙03刑终361号

**【基本案情】**

公诉机关：浙江省瑞安市人民检察院。

* 浙江省瑞安市人民法院审判管理办公室副主任。

** 浙江省瑞安市人民检察院第九检察部副主任。

*** 浙江省瑞安市人民法院刑事审判庭员额法官。

被告人：金某夫。

被告人金某夫原系浙江京某供应链管理有限公司温州分公司工作人员，负责瑞安市某京东物流 FDC 仓库手机差异件的处理。2023 年 3 月至 7 月，被告人金某夫利用进出前述仓库安检口无须被拆箱检查的职务便利，陆续窃取放置于仓库高值区的 77 部 256G 暗紫色苹果 14ProMax 手机、18 部 512G 银色苹果 14ProMax 手机，价值 89 万余元，并将其中 74 部 256G 暗紫色苹果 14ProMax 手机、18 部 512G 银色苹果 14ProMax 手机销售给于某勇。其间，被告人金某夫向于某勇购买 10 部 256G 暗紫色苹果 14ProMax 手机、18 部 512G 银色苹果 14ProMax 手机，并购买苹果手机模型，放置回前述仓库高值区。同年 7 月 29 日，浙江京某供应链管理有限公司温州分公司向公安机关报案。截至案发，被告人金某夫未归还 67 部 256G 暗紫色苹果 14ProMax 手机，价值 582833 元。2023 年 7 月 30 日，被告人金某夫被公安机关抓获。

## 【审判】

浙江省瑞安市人民法院经审理认为，盗窃罪是指盗窃公私财物，数额较大的行为；职务侵占罪是指公司、企业或者其他单位的工作人员，利用职务上的便利，将本单位财物非法占为已有，数额较大的行为。二罪的主要区别在于是否利用了职务上的便利，该职务上的便利主要体现在行为人在实施犯罪时利用自身的职权，或者利用自身因执行职务而获取的主管、管理、经手本单位财物的便利条件。本案中，现有证据能综合证实被告人金某夫系瑞安市某京东物流 FDC 仓库收货组的工作人员，其能在旁人在场的情况下拿取货架上的手机，亦能将手机模具放置回货架，其利用经过安检口无须被拆箱检查的职务便利，将仓库内的手机带出仓库，其行为符合职务侵占罪的构成要件。公诉机关指控的罪名不当，予以纠正。被告人金某夫归案后能如实供述自己的罪行，依法从轻处罚。判决被告人金某夫犯职务侵占罪，判处有期徒刑二年，并处罚金人民币五万元。案件判决后，检察院提出抗诉，后撤回抗诉，浙江省温州市中级人民法院裁定准许温州市人民检察院撤回抗诉，本案已生效。

［评析］

## 窃取型职务侵占罪与盗窃罪的界定及处理原则

通常情况下，职务侵占罪与盗窃罪较易区分，但当行为人采取秘密窃取手段侵占单位财物时，是否属于“利用职务上的便利”，司法实践中往往存有争议。本文试在双重法益的指导下厘清“利用职务上的便利”的实质内涵，明确具体行为手段，以期对实务中办理该类犯罪案件有所裨益。

### 一、职务侵占罪与盗窃罪的重新厘定

#### （一）保护法益方面

由于职务侵占罪与盗窃罪均规定在刑法“侵犯财产罪”章节中，故一般认为，职务侵占罪所保护的法益是公司、企业或者其他单位的财产所有权，即“单一法益论”。[①] 而“双重法益论”认为，职务侵占罪分化于贪污罪，两者只在主体上有所差异，虽然职务侵占罪主要侵害的是单位财产，但“单一法益论”忽视了本罪“利用职务”因素中延伸出的另一个法益，即公司内部人员实施职务侵占的背信行为。笔者认为，行为人因从事的职务具有控制、支配本单位财物的地位，伴随地位自然会产生负有不得侵占单位财产的忠诚义务，即职务侵占罪亦侵害了信赖利益。

信赖程度较低的职务关系中，犯罪手段多采取秘密方式，例如，部分公司企业进出都会进行搜身、搜车，行为人对财物的转移侵占只能采取掩盖、藏匿等能躲避搜查的秘密方式，宜以盗窃罪定罪。而本案中，

① 参见汤磊：《职务侵占罪的法教义学新探——以〈刑法修正案（十一）〉为视角》，载《铁道警察学院学报》2022年第2期。

涉案仓库日常进出是需要安检的，但由于被告人金某夫系资深员工，且其工作职责是负责差异件，也有权将差异件打包后再带出仓库，而安检员对其比较放心，出仓库的时候亦不对密封好的箱子进行拆箱安检，本案具有较高的信赖基础，被告人的行为除了侵犯单位财产权外，实质是对信赖利益的破坏。

### （二）行为手段方面

基于手段方式的不同，理论界和实务界对于“利用职务上的便利”的内涵主要存在“单一手段”与“复合手段”两种观点。“单一手段说”认为，刑法第二百七十一条没有明文表述职务侵占含“窃取”的方式，而贪污罪的犯罪手段明确写明为“侵吞、窃取、骗取或者以其他手段”等，上述差异应当理解为立法者的有意为之，①故职务侵占罪行为手段只限于“侵占”。根据该观点，“监守”即不可能“自盗”，窃取行为与职务侵占是互斥的。“复合手段说”认为，通过对刑法第二百七十一条第一款与该条第二款进行体系解释，可见职务侵占罪与贪污罪有着密切的关联，两者之间的主要区别在于主体身份，至于行为手段则无差异。

笔者支持“复合手段说”，虽然刑法分则中关于职务侵占罪的罪状表述并未将侵吞、窃取、骗取等手段列明，但在文义上理应包括通过窃取的手段秘密占有财物，对行为手段的限制是无视其他利用职务便利实际的表现。如刑法第一百八十三条第一款，明确了保险公司工作人员利用职务上的便利骗取保险金归自己所有的行为按职务侵占罪论处，有力佐证了骗取也可成为职务侵占罪的行为方式。由于不同单位的内部管理、财物储存方式各不相同，内部人员职务上的便利条件也各有差异，因此，内部人员侵占财产的手段可能包含侵吞、窃取、骗取等手段。窃取型职务侵占，是秘密手段与职务便利的叠加组合。因此，本案被告人金某夫将手机放在推车的最底部，后在上面铺满其他存在异常的货物带

① 参见阮齐林、温建康：《职务侵占罪与盗窃罪之比较研究》，载《人民检察》2017年第9期。

出仓库的行为，属于窃取型职务侵占。

## 二、窃取型职务侵占行为的判断认定

### （一）以实质职责判定是否具备主体资格

职务侵占罪的主体系特殊主体，即限于公司、企业或其他单位的人员。然而，伴随着社会用工形式的多样化，各行各业的劳务派遣工和劳务外包工已非常普遍，均能够参与用人单位的日常经营并在工作中形成对财物的占有，故职务侵占罪行为主体的认定不能仅以行为人是否与单位签订正式的劳动合同为依据，而应当审查其在单位中承担何种工作职责、从事何类业务活动来综合判断，至于其是否与单位建立了劳动关系、是否在员工登记名册中都只属于审查判断其主体身份的形式要件，而非犯罪构成的绝对必要要素。

本案中，被告人金某夫虽然系与上海某人力资源公司签订劳动合同，到京东FDC仓库上班属于该人力资源公司的劳务外派员工，但其从事的工作均是京东FDC仓库交办的业务，体现京东公司的意志，受到京东公司的管理、指挥，与京东普通员工在进行业务活动时并无二致，符合职务侵占罪的主体要件。

### （二）以因果关系判断是否利用职务上的便利

所谓利用职务上的便利，主要是指行为人在实施犯罪时利用自身的职权，或者利用自身因执行职务而获取的主管、管理、经手本单位财物的便利条件。申言之，只有“行为人利用本人职责范围内的、对单位财物的一定权限”和“非法将本单位财物占为己有”之间的因果关系成立，才属于职务侵占犯罪，若行为人仅利用从事某种工作而熟悉作案环境、易接触到作案目标、偶然获取相关信息等与工作职权、职责没有直接关联的便利条件，则不属于利用工作条件便利，应定性为盗窃。在窃取型职务侵占中，秘密手段和职务便利都是推动行为完成的因素，关键在于判断职务便利是否发挥了决定性的作用。“职务”是因为从事一定业务而形成的身份。[①] 窃取型职务侵占虽然介入了秘密窃取的手段，但其关键在于行为人利用职务身份降低了侵占财产行为被发觉的风险，如果不具备该职务则难以实施或得逞。

回归本案，被告人多次、长时间实施窃取行为之所以一直未被发觉，恰是因其具有经手、管理的权限，而非仅是工作便利。具体而言，被告人金某夫虽然不是京东物流FDC仓库的负责人，但该仓库有入库、出库、在库盘点三个模块，被告人系入库组的仓库收货组长，负责整个仓库的收货工作，对接仓库内货物的数量差异，尽管手机并非被告人直接管理的差异件，然而其能在旁人在场的情况下拿取货架上的手机，亦能将手机模具放置回货架，即便带出仓库时被人发现，也可以该手机是差异件为由予以解释，便利条件直接为其工作职责所包含，这是被告人最终完成窃取手机行为的底层原因。在本案中，虽然介入了将手机藏匿、封装的秘密手段，但其关键行为在于利用作为收货组长的职务身份，将放置于货架上的手机装箱而不引人怀疑，并因其身份而免于安检员检查。如果被告人不具备该职务，即使采取了秘密窃取的手段，也根本无法完成上述行为。

### （三）以财物本身状况判断是否具备控制支配权

基于单位管理和监管措施的差异，对财物的控制支配权并不取决于公司是否明确授权，而在于客观上是否易于行为人控制和支配。对于职务范围内的财物，行为人具有控制支配权是没有问题的。而对于职务范围外的财物的控制支配权，则要结合财物存放的位置、是否与职务范围内财物混合或靠近、是否受其他人员的监控等因素加以判断。

本案中值得注意的是，涉案仓库虽有专门区域放置差异件，正常情况下收货人员会将数量、质量存在差异的货物放置在差异件区域内，再

① 参见周光权：《刑法各论》，中国人民大学出版社2021年版，第163页。

由被告人到该区域内进行核对并和上游仓库对接。但苹果手机、平板电脑等电子设备无论数量有无错误都是先放置在仓库的高值区的，即高值区内存放有差异件。另该区域只供涉及业务的收件人员、盘点人员进入，而被告人可自由进出高值区核对异常商品数量甚至处置，因此其基于职务便利对财物具有相对独立的支配控制权。故而，即使其频繁出入高值区并拿取高值区货架上的手机，也不会引起其他工作人员的怀疑。

## 三、窃取型职务侵占罪与盗窃罪竞合时的处理原则

### （一）本案系交叉式法条竞合

“想象竞合”与“法条竞合”均是行为人犯一罪，故在司法实践中难以清晰界定。总体而言，法条竞合的本质是单纯一罪，但由于法律条文的错综规定而导致规定不同罪名的数个法条发生竞合，而想象竞合犯则是观念上的数罪、实质上的一罪，其系一个犯罪行为由于主观认识的不同发生数个不同罪名竞合，但法条之间不存在相互包容和交叉的关系。

回归本案，并非数个罪过产生数个结果，也并非观念因素导致同一行为触犯数罪名，实质上因为法条规定本身的原因而出现竞合关系，即出于一个罪过，产生了一个结果，触犯了两个刑法条款，属于典型的法条竞合关系。在坚持职务侵占罪的行为方式包括骗取、窃取在内的综合手段的前提下，由于窃取型职务侵占罪与盗窃罪存在包容关系，但职务侵占罪又包括侵吞、骗取等其他手段，故属于交叉式法条竞合关系。

### （二）坚持特别法优先的处理原则

有学者统计，我国现行刑法分则中“同质分立”的条文涉及“生产、销售伪劣产品”“走私”“骗取”“窃取”等16种行为近90个罪名。[1] 司法实践中，处理法条竞合问题一般采取“特别法优于一般法”

[1] 参见王志远：《论我国刑法各罪设定上的“过度类型化”》，载《法学评论》2018年第2期。

原则，但也有学者提出，为实现罪刑均衡原则的需要，对于交叉关系的法条竞合，只有选择重法优于轻法，才能实现对犯罪嫌疑人的全面否定评价，因为全面评价的内容不仅涉及具体犯罪构成要件，还包括法定刑的种类及其程度。[①] 因此，实务中最为普遍接受的立场是：法条竞合既可以采用“特别法优于一般法”原则，又可以从一重罪处罚。

笔者认为，法条竞合下刑罚轻重的考量应是综合行为的可谴责性、预防必要性等的判断结果。例如，合同诈骗罪在刑罚设置上低于诈骗罪，主要是考虑市场主体间犯罪行为的范围有限性、与民商事行为相交织以及相对于诈骗罪更易于侦破打击等因素。刑法修正案（十一）对职务侵占罪的量刑档次及刑期作了调整，但是在刑罚的严厉程度上，该罪仍然低于盗窃罪，在同档次刑罚的数额标准上，职务侵占罪远高于盗窃罪。但我们应当注意的是，由于行为人是基于信赖关系占有或者易于取得财物的，相比于之前并未支配控制财物的盗窃行为，其可谴责性较弱；职务侵占仅发生于单位内部，基于特殊关系而成立，犯罪行为的可复制性较低，具有偶发性，案发后侦破、追索难度也较低，故预防必要性也相对较低，这便是职务侵占罪在刑罚设置上轻于盗窃罪的原因。不能一味比较法定刑的轻重，择一重处。基于罪责刑相适应原则，上述刑罚设置的考量要素也可作为判定本案是盗窃罪还是职务侵占罪的考量要素。因此，本案应遵循“特别法优于一般法”的处理原则，认定被告人金某夫构成职务侵占罪。

① 参见黄京平、陈毅坚：《法条竞合犯的类型及其法律适用》，载《中国刑事法杂志》2007年第4期。

# 最新法律文件解读丛书

## 稿　约

最新法律文件解读丛书是一套以为最新法律规范提供同步"解读"为主的系列丛书,分为刑事、民事、商事、行政与执行4个分册,按月出版。

本丛书以"解读"为重点,突出全、专、新、快、准等特点,通过对最新出台的法律、法规、司法解释、部门规章以及重要地方性法规进行同步动态解读,弥补了法律、法规、司法解释汇编类出版物没有同步阐释、解读内容的不足,为广大读者学习理解最新法律规范,正确贯彻执行法律文件,及时解决实践中的新情况、新问题,提供一个全方位、多层面的法律信息平台。

欢迎您向以下栏目赐稿:

**【最新法律文件解读】**主要是对最新颁行的法律文件进行解读,帮助司法和执法人员正确理解法律文件的立法背景、意义、重点内容、在适用中应注意的问题、与相关法律文件的衔接与互动关系等。

**【司法实务问题研究】**主要刊登对司法理论、实务及司法管理工作中的热点、疑难问题进行研究及评论的文章。

**【新类型疑难案例选评】**主要是对司法和行政执法实践中具有典型性和代表性的疑难案例,结合具体案情以及审理或处理结果进行简练精辟的点评,解析认识问题的方法、处理问题的法律依据和在个案中的具体适用。

**【法学前沿与新视点】**以摘要的形式刊登相关法学理论研究的最新动态及具有代表性和典型性的前沿问题,扩展法学研究的深度和广度。

**【法律适用问题解答】**主要针对司法和行政执法实践中面临的新问题、热点问题、疑难问题进行简要的解答,指出涉及的法律关系,明确法律适用依据。

稿件一经刊用即付稿酬,稿酬从优。


《刑事法律文件解读》　周　敏　邮箱:xingshijiedu@163.com

《民事法律文件解读》　杨　洁　邮箱:1216921515@qq.com

《商事法律文件解读》　路建华　邮箱:shangshijiedu@126.com

《行政与执行法律文件解读》　丁塞峨　邮箱:1290312696@qq.com


**人民法院出版社**

**最新法律文件解读丛书编辑部**